CUBA

SERGIO GUERRA VILABOY, doctor en Filosofía por la Universidad de Leipzig, historiador, profesor titular, jefe del Departamento de Historia de la Universidad de La Habana, es el secretario ejecutivo de la Asociación de Historiadores Latinoamericanos y del Caribe (ADHILAC). Pertenece a los consejos editoriales de varias revistas, entre ellas *Tzintzun* y *Ulúa*, de México, *Investigación y Desarrollo*, de Colombia, *Kó-Eyú Latinoamericano*, de Venezuela, y *Contexto Latinoamericano*, de Ocean Sur. Ha dictado conferencias en diversas universidades y publicado, entre otros libros, *Paraguay: de la independencia a la dominación imperialista* (1991), *Los artesanos en la revolución latinoamericana* (2000), *El dilema de la independencia* (2000), *Cinco siglos de historiografía latinoamericana* (2003), *Historia de la Revolución Cubana* (2005), *Breve historia de América Latina* (2006) y *Ernesto Che Guevara* (2007).

OSCAR LOYOLA VEGA, doctor en Ciencias Históricas y profesor titular, fue vicedecano de la Facultad de Filosofía e Historia (1993-1997) de la Universidad de La Habana, en la cual preside la Comisión de Doctorados. Ha dictado conferencias en universidades de varios países, y publicado como coautor, entre otros, los libros *La Guerra de los Diez Años* (1989), *Cuba y su historia* (1999) e *Historia de Cuba. Formación y liberación de la nación* (2001).

CUBA
UNA HISTORIA

Sergio Guerra Vilaboy
Oscar Loyola Vega

ocean
sur

una editorial latinoamericana

ISBN: 978-1-921438-60-8

Library of Congress Control Number: 2009928391

Primera edición, 2012

Segunda impresión, 2014

Impreso en Cuba por PALCOGRAF

PUBLICADO POR OCEAN SUR

OCEAN SUR ES UN PROYECTO DE OCEAN PRESS

México: U HAB Fuentes Brotantes E-9 Dpto 302, Col. Miguel Hidalgo 14410, Tlalpan D.F., México
              E-mail: mexico@oceansur.com • Tel: 52 (55) 5421 4165

EE.UU.:   E-mail: info@oceansur.com

Cuba: E-mail: lahabana@oceansur.com

El Salvador: E-mail: elsalvador@oceansur.com

Venezuela: E-mail: venezuela@oceansur.com

DISTRIBUIDORES DE OCEAN SUR

Argentina: Distal Libros • Tel: (54-11) 5235-1555 • E-mail: info@distalnet.com

Australia: Ocean Press • E-mail: info@oceanbooks.com.au

Bolivia: Ocean Sur Bolivia • E-mail: bolivia@oceansur.com

Canadá: Publisher Group Canada • Tel: 1-800-663-5714 • E-mail: customerservice@raincoast.com

Chile: Ocean Sur Chile • Tel.: (56-2) 23002016 • E-mail: contacto@oceansur.cl
       • http://www.oceansur.cl

Colombia: Ediciones Izquierda Viva • Tel/Fax: 2855586 • E-mail: edicionesizquierdavivacol@gmail.com

Cuba: Ocean Sur • E-mail: lahabana@oceansur.com

EE.UU.: CBSD • Tel: 1-800-283-3572 • www.cbsd.com

El Salvador y Guatemala: Editorial Morazán • E-mail: editorialmorazan@hotmail.com
       • Tel: 2235-7897

España: Traficantes de Sueños • E-mail: distribuidora@traficantes.net

Gran Bretaña y Europa: Turnaround Publisher Services • E-mail: orders@turnaround-uk.com

México: Ocean Sur • Tel: 52 (55) 5421 4165 • E-mail: mexico@oceansur.com

Paraguay: E-mail: empresachaco@hotmail.com

Puerto Rico: Libros El Navegante • Tel: 7873427468 • E-mail: libnavegante@yahoo.com

Venezuela: Ocean Sur Venezuela • E-mail: venezuela@oceansur.com

www.oceansur.com
www.oceanbooks.com.au
www.facebook.com/OceanSur

Índice

5. Gobierno Revolucionario

6. De la institucionalización al período especial

Bibliografía

1
De los pueblos originarios a la plantación esclavista

Archipiélago cubano y población aborigen

Cristóbal Colón llegó a la isla de Cuba el 27 de octubre de 1492, por la costa norte de la zona oriental. Compuesto por una gran isla, varias islas menores y cientos de islotes, el archipiélago cubano asombró a los españoles por la variedad de su flora, la hermosura del paisaje y lo atemperado del clima. Montañas de poca altitud, la más alta, el Pico Turquino, con 1 974 metros; y ríos apacibles, encabezados por el Cauto, con 343 kilómetros de largo, hacían de Cuba un territorio muy agradable a la vista de los europeos.

A la presencia aborigen en Cuba se le calcula una antigüedad de alrededor de diez mil años. En condiciones geográficas diferentes a las actuales, los primeros grupos llegaron procedentes de las regiones de Mississippi y Florida, a través de la Gran Isla de Bahama. Más tarde, arribaron oleadas de tronco aruaco procedentes de Venezuela, tanto desde América Central, como trasladándose a través del arco antillano, que constituyeron la verdadera población insular y que, en 1492, aún continuaban llegando.

La denominación de los aborígenes ha sido compleja. Puede decirse que han sido llamados guanahatebeyes, ciboneyes o taínos por algunos; y cazadores, pescadores-recolectores, protoagricultores y agricultores, por estudios más sólidos. Estos pobladores estuvieron muy lejos de alcanzar la complejidad cultural y el desarrollo de los pueblos originarios del continente. Algunos grupos conocían la agricultura y la cerámica, y todos utilizaban el fuego y cazaban, pescaban y recogían alimentos. Producían tabaco, maíz y yuca, y vivían en aldeas de pequeño tamaño, en lugares firmes o a orillas de los ríos.

A la llegada de los españoles, ciertas colectividades ya presentaban una complejidad superior, enterraban a sus muertos, y tenían un inicio de división interna de funciones entre el jefe o cacique, el behíque o jefe religioso, y el resto de la sociedad. Junto a ello, hacían juegos colectivos, los llamados *batos*, disfrutaban el baile o areíto, y trataban de representar, en pictografías, el mundo circundante. El desembarco español paralizó el desarrollo interno de los grupos aruacos cubanos, que desaparecieron casi por completo ante el empuje colonizador europeo.

Conquista y colonización

Colón pretendía con su empresa marítima llegar al Asia, a las regiones de Cipango y Catay, dando la vuelta a la Tierra, y sus contenidos se plasmaron en las Capitulaciones de Santa Fe, firmadas por el Almirante y los Reyes Católicos, Isabel y Fernando. En ellas, se precisaba la parte de la riqueza obtenida que correspondería a los contratantes y a los marinos.

En el caso de Cuba, la riqueza que se esperaba obtener en oro y plata, deseada ávidamente por la economía capitalista en ciernes en Europa, casi no existía, lo que hizo que Colón priorizara a Santo Domingo y fundase allá el primer asentamiento español. En su segundo viaje, en 1493, recorrió el sur cubano, llegó cerca del Cabo de San Antonio, en la zona oeste de la isla, y obligó a los marineros a firmar un acta que establecía el arribo a Tierra Firme. De regreso a La Española, se mantuvo la prioridad dada a esta isla, lo que trajo, durante más de quince años, un relativo desinterés de la monarquía ibérica por Cuba.

Nicolás de Ovando, gobernador de Santo Domingo, recibió en 1508 la orden de bojear, vale decir, explorar por mar, a Cuba, lo que fue realizado por Sebastián de Ocampo, quien demostró así su insularidad. Las pugnas internas entre la monarquía castellana y el hijo y heredero de Colón, llamado Diego —quien era el nuevo gobernador de La Española— hicieron que se prefiriera, en 1510, cuando fue a comenzar el proceso de conquista y colonización cubanas, a Diego Velázquez por encima de Bartolomé Colón, para llevarlo a cabo.

Por la región de Maisí, llegó Velázquez a Cuba. Dada la poca resistencia que los indios podían oponer, sus instrucciones no eran difíciles de cumplimentar. El gobernador fundó la primera villa, Nuestra Señora de la Asunción de Baracoa, a fines de 1510 o principios de 1511. Con posterioridad, organizó la expansión por todo el territorio: un bergantín por la costa norte; una columna por el centro al mando de Francisco de Morales, sustituido rápidamente por Pánfilo de Narváez, muy relacionado con el jefe Velázquez; y este mismo por el sur. Realmente, hubo muy poca resistencia aborigen, si se descuenta la del cacique quisqueyano Hatuey, quemado en la hoguera, por lo que el proceso de conquista concluyó con rapidez.

De 1512 a 1515, se fundaron seis nuevas villas: San Salvador del Bayamo, la Santísima Trinidad, San Cristóbal de La Habana, Sancti Spíritus, Santa María del Puerto del Príncipe y Santiago de Cuba, que sustituyó a Baracoa como sede del gobierno insular. Algunas villas se desplazaron de sitio con posterioridad, hasta llegar a su asentamiento definitivo.

Desarrollar una colonia por poblamiento, que era la concepción española, creaba las bases para futuros enfrentamientos entre la propia monarquía, mediante sus funcionarios, y el supremo órgano de dirección local, el cabildo, integrado por regidores que elegían de entre ellos a un alcalde. Con el paso de las décadas, el cabildo constituyó una oligarquía cada vez más cerrada, con intereses específicos de cada región, que en no pocas ocasiones chocaron con los intereses metropolitanos. Descontando al gobernador de la Isla, los funcionarios españoles en Cuba fueron principalmente el veedor o factor, el contador y el tesorero; también existió el cargo de representante del cabildo en la corte, llamado procurador. No puede olvidarse la fuerte presencia de la Iglesia católica, cuya obligación de catequizar a los aborígenes era prioritaria.

Un interés fundamental de los conquistadores, la búsqueda de oro, no se satisfizo en Cuba, que no poseía grandes yacimientos del mineral. Algunas cantidades pudieron obtenerse gracias al lavado de arena en los ríos, difícil trabajo realizado por los indios, y que finalizó cerca de 1542. La explotación de ganado vacuno, porcino y caballar como nuevo renglón económico, desplazó a la minería, con vistas tanto al consumo como a la exportación hacia los nuevos territorios continentales ya conquistados. El ganado prosperó tremendamente en las condiciones boscosas cubanas. A su vez, la necesidad de subsistir obligó a los europeos a consumir plantas pertenecientes a la agricultura aborigen, como la yuca, con la que se elaboraba una torta llamada casabe, sustituta del pan; y sobre todo, el tabaco, que aumentaría su importancia económica de manera lenta y constante.

Sin estar debidamente autorizado, Velázquez repartió la tierra de los indios entre los españoles integrantes de su hueste. Se sabe que el cabildo de Sancti Spíritus, en 1536, siguiendo una práctica ya establecida, hizo entrega de tierras en sus alrededores, lo que era conocido como *mercedar*. Tal otorgamiento no implicaba la propiedad jurídica —la tierra era del rey— sino el derecho a su utilización, pagando a los monarcas y a la Iglesia el impuesto correspondiente. Las mercedes fueron otorgadas bajo distintas formas, entre ellas, estancias o haciendas, hatos y corrales. La contradicción entre usufructo legal y falta jurídica de propiedad traería, a muy largo plazo dentro de la historia nacional, gravísimos problemas para el desarrollo del capitalismo en Cuba.

Junto a la entrega de tierras se repartieron indios para trabajarlas. Conocidos con el nombre de encomiendas, estos repartos ligaban al indio con el español no en forma de esclavitud clásica, sino en carácter similar a la servidumbre. Los encomendados trabajaban de catorce a dieciséis horas diarias, desarraigados de su entorno familiar y cultural. En una sociedad aborigen poco desarrollada, que desconocía la explotación clasista, el sistema de encomiendas, actuando de conjunto con las enfermedades importadas por los europeos, provocó una verdadera hecatombe poblacional entre los indios, cuya reproducción natural había sido interrumpida violentamente. La ausencia de mujeres blancas trajo como consecuencia un gran mestizaje entre indias y españoles, cuyos descendientes, en aquellos momentos germinales, se incorporaban mayoritariamente al sector europeo, no al indígena.

Desde la primera década de la colonización, para resolver los problemas de la fuerza de trabajo se introdujeron negros africanos, mucho más resistentes a los rigores de la explotación que los mansos aborígenes. En pequeñas partidas esporádicas, luego con cierta estabilidad, los negros llegaron a Cuba desde los albores del proceso de colonización, incorporándose al mestizaje. Los muy diversos universos culturales africanos se comenzaron a mezclar con prontitud con la naciente cultura española-aborigen. Ciertos rasgos actuales de la nación cubana comenzaron a gestarse ya, gracias a tal simbiosis, a mediados del siglo XVI.

Economía y sociedad criollas

La evolución económica de la Isla transcurrió de manera lenta, de acuerdo con la priorización que España imponía a los nuevos territorios americanos. Cuba sufrió un despoblamiento inicial, en función de la conquista de México, y de expediciones como la de Hernando de Soto a la Florida. Los españoles que no abandonaron la Isla fueron adaptándose con mayor rapidez de lo que hubiera podido esperarse. A mediados del siglo XVI, una nueva generación de pobladores, naturales en su mayoría de la gran Antilla, se hacía notar en el naciente mundo colonial.

Durante los siglos XVI y XVII, y aún en la primera mitad del XVIII, la importancia de la ganadería vacuna se mantuvo, en su doble función de producto alimentario y renglón de comercio. Enormes haciendas ganaderas, que habían sido repartidas en forma de hatos, determinaban el paisaje de apropiación del territorio insular. Muy pronto, sin embargo, las haciendas comenzaron a sufrir la competencia de la agricultura comercial, sentándose así las bases para su posterior disolución.

Sembrado en vegas a orillas de los ríos, el tabaco constituía un cultivo especializado, no necesitado de muchos esclavos, que los españoles aprendieron de los indios. Este producto tampoco exigía ni un fuerte desembolso de capital, ni gran extensión de tierra, y el aumento de su consumo en Europa trajo su constante crecimiento. A lo anterior hay que sumar el cultivo de plantas alimenticias para los pobladores de las villas, en especial de La Habana. Puede comprenderse así que la hacienda ganadera sufriera los embates de una agricultura más rentable. El gobierno español y los cabildos trataron de proteger al fortísimo grupo de los hacendados, pero las necesidades crecientes de la corona, relacionadas con la alimentación masiva de tropas y marineros, y los impuestos que los productos agrícolas aportaban al tesoro, hicieron que la legislación fuese muy irregular, lo que trajo como resultado que los pleitos entre agricultores y hacendados llenaran un gran capítulo de la historia inicial cubana.

El monopolio comercial español, que fue establecido desde los albores de la colonización mediante la Casa de Contratación de Sevilla, se sentía con especial fuerza en Cuba, que apenas recibía de España los productos imprescindibles. Con la creación definitiva del sistema de flotas en 1566, los barcos del continente empezaron a reunirse en el puerto de La Habana, que se convirtió en el principal del Nuevo Mundo. Los galeones solo debían permanecer unas semanas en la rada habanera, pero los atrasos habituales determinaban su permanencia durante varios meses, lo que estimulaba la producción y la venta de numerosos artículos en la villa de San Cristóbal.

Igualmente creció en ella de manera asombrosa el número de posadas y tabernas, lo cual impulsaba el desarrollo de la prostitución, sobre todo de negras esclavas, que eran autorizadas por sus dueños «a ganar» jornal. Para proteger las riquezas que se almacenaban en La Habana, la metrópoli construyó, en las márgenes de la bahía, los castillos de la Real Fuerza, la Punta y los Tres Reyes del Morro, con lo que la ciudad devino la mejor fortificada en América. Las familias prominentes del cabildo que se vincularon a los negocios relacionados con la estancia de las flotas comenzaron a acumular considerables capitales, que facilitaron el despegue económico del XVIII.

Abandonadas a su suerte, las villas del interior no se beneficiaron con el sistema de flotas, lo que las llevó a desarrollar con rapidez un comercio ilegal, irregular, llamado de contrabando o de *rescate*, que se efectuaba utilizando los ríos y los múltiples accidentes geográficos cubanos, con corsarios y piratas ingleses, franceses y holandeses. Dando productos de la tierra, los habitantes de las villas recibían a cambio aquellos artículos no enviados por España. En este comercio participaban al unísono los pobladores y las autoridades regionales españolas. La corona hizo fuertes intentos por evitarlo, sin conseguirlo. Sirva de ejemplo lo poco que obtuvo Melchor Suárez de Poago, representante del gobernador Pedro Valdés, cuando trató de controlar el enorme contrabando que realizaban los bayameses a principios del siglo XVII, y que provocó un expediente que fue suspendido de curso en la Audiencia de Santo Domingo.

Los corsarios de las naciones enemigas de España no pocas veces desembarcaron hostilmente en Cuba, entre ellos Francis Drake, Francisco Nau, Henry Morgan o Gilberto Girón, quien en 1604 tomó prisionero en Bayamo al obispo Juan de las Cabezas Altamirano, rescatado por un negro esclavo de la zona, episodio que dejó un curioso legado: el *Espejo de Paciencia*, primera composición poética de tema cubano escrita en la Isla. Para evitar mayores ataques, España trató de implantar ciertos controles administrativos y convalidó un hecho que desde 1553 había sucedido: el traslado de la capital a La Habana.

De la misma manera, dividió el territorio insular en dos gobiernos, el de Santiago de Cuba y el de San Cristóbal, subordinado el primero al segundo. Cosa notable, las villas del centro, Trinidad, Sancti Spíritus y San Juan de los Remedios, no cayeron en territorio de gobierno alguno, por lo que sus habitantes gozaron de cierta autonomía durante décadas. En el marco de los controles se inscriben las Ordenanzas de Cáceres, promulgadas por el oidor Alonso de Cáceres en 1574, que regulaban múltiples aspectos de la vida económica y social de la Isla.

El sistema de flotas propició cierto desarrollo urbano en la capital, la que se benefició con la construcción de la Parroquial

Mayor, entre 1550 y 1574, y los conventos de Santo Domingo y San Francisco, en 1578 y 1584, respectivamente; así como el trazado de la Zanja Real, en 1592, para surtir de agua a la villa. Los progresos en otras localidades fueron inexistentes, y la evolución de la red urbana solo experimentó la creación de dos asentamientos importantes con posterioridad: Santa Clara y Matanzas.

El interés de la monarquía española por el desarrollo de la agricultura comercial cubana se materializó en el estanco del tabaco, es decir, la compra de la cosecha anual, por la Real Hacienda, de manera global, imponiendo los precios a su antojo. La producción no adquirida debía ser destruida. Los cosecheros (vegueros) protestaron fuertemente, siendo desconocidos sus reclamos; entre 1717 y 1723, la tensión no cesó de aumentar, y en esa última fecha los agricultores trataron de quemar los almacenes de tabaco de La Habana por lo que el gobernador Gregorio Guazo los reprimió salvajemente, ahorcando a varios. Este suceso sirve de muestra de los enfrentamientos ya existentes entre españoles «de España» y habitantes de ultramar.

A mediados el siglo XVIII, el sistema de monopolio dio un nuevo paso con la creación de la Real Compañía de Comercio de La Habana, con capitales insulares, ibéricos y participación de la Corona. La compañía importaba y exportaba todo género de artículos, esclavos inclusive. Sus accionistas, especulando con la producción y la comercialización, obtuvieron sólidas ganancias que solo beneficiaron a la capital, la que continuó su desarrollo urbano y cultural manifestado en el establecimiento del Real Tribunal del Protomedicato, para normar la labor de dentistas, médicos y farmacéuticos; la llegada de la imprenta, en 1723 y, sobre todo, la constitución de la Universidad de La Habana, en 1728, viejo anhelo insular. La Habana, con cerca de cincuenta mil habitantes de un total de alrededor de cien mil para toda Cuba, era, en 1762, la principal ciudad española del Caribe y Centroamérica.

Su importancia se puso de manifiesto en el año señalado, en los marcos de la guerra franco-inglesa desatada por el Pacto de Familia entre Francia y España. Inglaterra decidió apoderarse de La Habana, para lo cual desembarcó en sus cercanías una expedición gigantesca con más de diez mil hombres, quienes, después de feroz lucha, tomaron la loma de La Cabaña y el castillo de El Morro, y obligaron a las autoridades citadinas a rendirse, con lo que el occidente cubano cayó, durante cerca de once meses, bajo la dominación británica. Dicha dominación no alteró las estructuras tradicionales, si bien liberalizó la entrada de esclavos y dio un gran impulso al comercio, en particular con las trece colonias inglesas de Norteamérica, contacto inicial de imprescindibles consecuencias en la historia posterior de la Isla.

En definitiva, mediante un canje, España recuperó la hermosa ciudad. Lo trascendente, sin embargo, se encuentra en el hecho de que, mientras los funcionarios españoles poco hicieron por no perder la villa, sus habitantes y los de los pueblos vecinos, encabezados por José Antonio Gómez, *Pepe Antonio*, alcalde de Guanabacoa, en fraternal unión de blancos, negros y aun esclavos, lucharon denodadamente por no entregar La Habana a manos británicas, demostrando los criollos un fuerte sentimiento de pertenencia a su tierra. Recuperada la ciudad, consciente de su importancia, España la fortificó aún más con la edificación de la fortaleza de La Cabaña. El interés de la principal potencia europea por la capital cubana nos demuestra los nuevos tiempos que se avecinaban, y los cambios socioeconómicos que lentamente se habían comenzado a percibir.

Surgimiento y evolución de la plantación

La plantación esclavista fue el sistema productivo determinante en Cuba durante un siglo, desde finales del XVIII hasta 1886. No se originó en la Isla, ya que existió en las otras Antillas y, sobre todo, en Estados Unidos y en Brasil. Por plantación esclavista debe entenderse un sistema socioeconómico que produce materias primas tropicales para el mercado mundial, sobre la base de mano de obra esclava, generalmente importada de África.

Varios factores se dieron la mano para permitir el despliegue de la plantación en las condiciones concretas cubanas. De ellos, deben mencionarse los siguientes: la acumulación de capitales en manos de la oligarquía habanera; la implantación del despotismo ilustrado por la monarquía española, con métodos más eficaces de gobierno; la Revolución de Haití, que destruyó la producción cafetalero-azucarera de esta colonia; la existencia de grandes personalidades en el cabildo habanero, como Francisco de Arango y Parreño, quienes establecieron sólidas relaciones con el gobierno español; el reglamento de libre comercio de España e Indias, promulgado en 1778, que en cierta medida liberalizaba el monopolio comercial; el rápido aumento de la entrada de esclavos en Cuba, imprescindibles para un despegue; y la gran cantidad de tierras aún disponibles.

Si se ubica geográficamente, la plantación en Cuba se extendió por las actuales provincias de Ciudad de La Habana —en sus partes este y sur, no urbanizadas aún—, La Habana y Matanzas, con emplazamientos de importancia en Sagua la Grande, Cienfuegos, Trinidad, Santiago de Cuba y Guantánamo. Como tendencia, puede decirse que la plantación fue extendiéndose de este a oeste, llenando de fábricas de azúcar la región habanero-matancera. Trapiche, ingenio y central son los nombres que identifican, de menor a mayor, la complejidad industrial azucarera. Por descontado queda que, a más producción planta-cionista, corresponde más cantidad de negros esclavos y libres, mayor cantidad de habitantes españoles, mejores vías férreas de comunicación, mayores adelantos científico-culturales. La hacienda tradicional fue destruida en gran medida por la plan-tación, que impuso su universo de ideas a todos los sectores de la sociedad cubana y estableció las características fundamenta-les contemporáneas de este pueblo antillano.

Reforma, anexión y esclavitud

En gran medida, el cuerpo de ideas emanado de la plantación se corresponde con la necesidad de justificar y mantener la escla-vitud, y en el caso específico de Cuba, dicho cuerpo ha recibido, desde el punto de vista teórico, la connotación de reformista. Ubicada en momentos de despegue del sentimiento nacio-nal cubano, dentro de la plantación también se generaron los gérmenes del nacionalismo independentista que caracterizó la segunda mitad del siglo XIX. Mayoritarias en la etapa compren-dida entre 1790 y 1868, las concepciones reformistas no fueron homogéneas, y sus variantes permiten concebirlas como un con-junto muy diverso de concepciones, que abarcan desde la pro-blemática de la esclavitud hasta el vínculo jurídico con España. Más que de reformismo, debe hablarse de reformismos.

Cualquier análisis de las ideas reformistas debe partir de precisar sus fuentes nutricias, que en el caso cubano fueron los mejores contenidos del pensamiento liberal español —como Gaspar Melchor de Jovellanos y Francisco Pi y Margall—; el pensamiento latinoamericano vinculado al proceso indepen-dentista continental; las concepciones liberal-burguesas producidas en Estados Unidos, de influencia creciente en Cuba; y, principalmente, el liberalismo burgués europeo que conformó la Revolución francesa de 1789 y se desarrolló a partir de ella. El liberalismo burgués cubano, de corte reformista, nunca copió mecánicamente los elementos que le eran necesarios, sino que, por el contrario, amalgamó las fuentes señaladas, adecuándolas a las condiciones de la Isla y, sobre esta base, produjo un cuerpo de ideas de tanta validez —en determinados aspectos naciona-listas y culturales— que llega hasta la contemporaneidad.

Francisco de Arango y Parreño fue el principal ideólogo del reformismo burgués en Cuba, en la primera mitad del XIX. Conocedor profundo y defensor de la ilustración europea, fue el esclavista más representativo de la arrancada de la plantación. Sus concepciones, que implicaban un creciente orgullo por su pertenencia a Cuba, aunque aún confunda la *patria* española con la cubana, muestran los rasgos fundamentales del reformismo en toda su trayectoria. Para él, Cuba era solo de los blancos, los que constituían la naciente nacionalidad, y la trata de esclavos y el régimen plantacionista eran imprescindibles para el desarrollo antillano, que podía tener cabida dentro de la monarquía espa-ñola sin separarse de ella. De ahí su rechazo por las ideas inde-pendentistas. Su gestión en Madrid le permitió obtener grandes beneficios para el sector esclavista que representaba.

El reformismo de Arango dio muy buenos resultados hasta el momento histórico de la independencia continental. La libera-ción de América y la desaparición de la ilustración española con el reinado de Fernando VII, modificó la relación Cuba-España, interesada la segunda en obtener de la primera las riquezas per-didas en Tierra Firme. Por eso se otorgaron al capitán general facultades excepcionales —omnímodas— en 1825, y se expulsó a los diputados cubanos electos para las Cortes en 1837. En la década de 1830, Cuba deja de ser considerada como parte integrante de la monarquía, para ser vista como una valiosa colonia azucarera a la cual era lícito explotar. Tal realidad hispánica, unida a la creciente maduración del sentimiento nacional por nuevos y mayores grupos sociales, hizo que el reformismo burgués de los grandes esclavistas fuese desplazado, en el segundo tercio del siglo, por el reformismo propugnado por otros sectores de la población.

Los nuevos aires del reformismo los representó cabalmente el científico social José Antonio Saco. Defensor tenaz de la nacionalidad cubana, audaz exponente de las lacras del colonialismo, Saco encabezó a jóvenes intelectuales, entre los que se destacó el educador y filósofo José de la Luz y Caballero, alejados de los intereses del reformismo de los grandes esclavistas, y continuaron el rumbo trazado por el obispo Juan José Díaz de Espada que se enmarcaba en los requerimientos de las capas intermedias de la población insular. El hecho de luchar por la eliminación de la trata negrera presuponía la desaparición de la esclavitud, en ciertos plazos. Las críticas al sistema de gobierno español contribuyeron mucho a la toma de conciencia de diferentes sectores sobre los males del colonialismo. La salida de Saco del país en 1834 y la progresiva enfermedad de Luz y Caballero mermaron la posible eficacia del reformismo pequeño burgués de los años treinta.

Ya en la década de 1870 el reformismo burgués vuelve a manifestarse con fuerza, bajo la sombra del capitán general Francisco Serrano, duque de la Torre y esposo de una prominente cubana. La plantación ya presentaba fuertes síntomas de crisis, y sus productos dependían cada vez más del mercado norteamericano, por lo que sus promotores usaron un lenguaje, en sus demandas, mucho más mesurado que en épocas anteriores. El grupo reformista, ahora dirigido por José Morales Lemus, abogó por reformas económicas y políticas diversas y abolición indemnizada de la esclavitud. Convocados a una Junta de Información en Madrid, en 1866-1867, sus demandas no encontraron eco en los marcos de la monarquía, la que implantó un nuevo impuesto sin abolir los anteriores. Ignorados por la metrópoli, los reformistas cubanos vieron así pasar su último gran momento histórico, antes de que el independentismo los sustituyese en la arena política.

Un caso especial debe analizarse dentro de la vertiente reformista: la tendencia, fuerte en algún momento, de la incorporación de Cuba a Estados Unidos. El anexionismo, nombre que recibió, no puede ser analizado partiendo de premisas contemporáneas, sino ubicándolo en las realidades históricas de su momento. El desarrollo alcanzado por Norteamérica, la existencia en el sur de esta nación de un régimen esclavista fuerte y los documentos republicanos que normaban la vida estadounidense, entre otros factores, explican el desarrollo de un movimiento anexionista en Cuba, principalmente en el occidente, durante el período que va de 1840 a 1854, en números cerrados.

Narciso López —de origen venezolano— quien fuera general del ejército español, residente en Trinidad, se puso al servicio del Club de La Habana, para tratar de evitar la posible abolición de la esclavitud, entre 1850 y 1851, mediante intentos expedicionarios financiados por el Sur de Estados Unidos, al que convenía romper a su favor el equilibrio interno de la Unión, logrado entre estados esclavistas y no esclavistas. Tales intentos —caracterizados por su sordidez esclavista— solo trajeron de positivo la creación de la bandera nacional cubana. Muerto López en garrote, las garantías que Gran Bretaña ofreció a España de no presionarla para que aboliese la esclavitud en Cuba, hizo entrar a esta corriente en franco descenso.

Sin embargo, el anexionismo no fue homogéneo. El grupo fundamental de sus integrantes en el occidente estuvo constituido por propietarios de esclavos, que luchaban a brazo partido por impedir la abolición. En otras regiones, especialmente en Trinidad y Camagüey, la idea de la anexión estuvo motivada por el interés de disfrutar del desarrollo y las libertades del Norte estadounidense, lo que implicaba una abolición radical. Sus promotores, el más importante de los cuales fue el hacendado camagüeyano Joaquín de Agüero, ejecutado por el colonialismo, coincidieron en tiempo con el anexionismo occidental sin compartir sus contenidos programáticos.

Una fuerte y sólida concepción independentista se desarrolló en la época de la plantación, si bien no era la tendencia predominante. Ligado desde sus inicios al surgimiento y evolución de la nacionalidad, el independentismo se manifestó en la literatura gracias al poeta José María Heredia quien dotó a la cultura y el pensamiento cubanos de un cuerpo de ideas imprescindible, retomado por sus continuadores.

Otros grupos y clases sociales diferentes del representado por los esclavistas sí trataron de lograr la creación del Estado nacional. Entre ellos, se destacó la conspiración que en 1812 fue descubierta, dirigida por el negro libre José Antonio Aponte, inspirada en la Revolución haitiana. Las capas intermedias organizaron las conspiraciones de los Soles y Rayos de Bolívar en 1822 y la Gran Legión del Águila Negra en 1829-1830, que aunque fueron desmanteladas por la dirección colonial, pusieron de manifiesto que la Isla no se hallaba completamente distanciada del movimiento revolucionario continental, a la vez que demostraron la fuerza que iban adquiriendo las capas intermedias urbanas, sobre todo en La Habana, ciudad que ya sobrepasaba los ciento veinte mil habitantes en 1817.

El independentismo en la primera mitad del XIX tuvo su principal y más completo exponente en la figura del sacerdote y catedrático habanero Félix Varela y Morales. Profesor de Constitución del Seminario San Carlos, diputado a Cortes en 1822 y abolicionista radical, la persecución del rey lo obligó a exiliarse en Estados Unidos, donde editó un periódico plenamente independentista, *El Habanero*, entre 1824 y 1826. La ética de Varela, su sentido del deber patriótico, su identificación con el independentismo continental y la brillantez de sus alumnos —Saco, Luz— lo convirtieron en la personalidad cubana más destacable de su época.

No puede dejar de señalarse una característica fundamental del período de la plantación: el surgimiento y la evolución de la cultura cubana. Con España como fuente nutricia principal, abierta desde siempre a los mejores logros universales, la cultura cubana desde sus primeros intentos reprocesó el acervo europeo, americano y africano, asimilando lo necesario y transformándolo en algo nuevo, en función de la vida nacional. La historia, la pedagogía, la literatura, la música, el periodismo, la economía, la demografía, la arquitectura, las ciencias naturales, la medicina y la filosofía, por señalar algunas, fueron ramas del saber que contaron con excelentes cultores. Importantes colegios prepararon a varias generaciones de patriotas futuros, si bien la educación de los infantes negros apenas existía. La cultura nacional, en aquellos tiempos coloniales, supo estar a la altura que una sociedad muy joven demandaba.

2
Las luchas
por la independencia

La revolución de 1868

Diferentes factores explican el surgimiento de la lucha anticolonial en Cuba, partiendo de la fortísima explotación española
y la maduración del sentimiento nacional. El proceso conspi-
rativo se desarrolló en la zona centro-oriental, no vinculada a
la plantación, y sus promotores fueron destacadas figuras del
sector terrateniente, apoyados por intelectuales revolucionarios
y sobre todo campesinos blancos y negros. Iniciada en Demaja-
gua el 10 de octubre de 1868, encabezada por el abogado Carlos
Manuel de Céspedes, la revolución de 1868 —o Guerra de los
Diez Años— se extendió con rapidez y contó, entre sus principales figuras, con Ignacio Agramonte, Francisco Vicente Aguilera, Pedro Figueredo, Salvador Cisneros, Máximo Gómez y
Antonio Maceo. El programa revolucionario original, elaborado
por Céspedes, se recogió en el *Manifiesto del Diez de Octubre*.

Aprovechando el factor sorpresa, la revolución logró sobre-
vivir, y los diversos grupos en armas —llamados mambises—
acordaron en Guáimaro, los días 10 y 11 de abril de 1869, una
Constitución que establecía la República de Cuba, aplicando
la división burguesa clásica en tres poderes, ejecutivo, legislativo y judicial, con un aparato militar subordinado al primero.
La estructura implantada exacerbó el componente civil, por el
temor que se tuvo al caudillismo militarista prevaleciente en
el resto del continente.

Céspedes fue electo presidente de la República, cuya Cámara
de Representantes se dedicó a la tarea de establecer un cuerpo

de leyes que sustituyeron la legislación española tradicional. El gobierno madrileño, que atravesaba los problemas surgidos de la revolución de septiembre de 1868, después de tibios intentos conciliatorios aplicó una política de «guerra a muerte» a partir de abril de 1869, revitalizando los antiguos cuerpos de voluntarios, con lo que cualquier entendimiento entre ambos contendientes resultó imposible.

Poco a poco, sin contar apenas con ayuda del exterior, los insurrectos cubanos fueron adquiriendo experiencia militar y confianza en las propias fuerzas. De las tareas históricas fundamentales que debían resolver —independencia nacional y abolición de la esclavitud— la segunda, que parecía haber sido solucionada en la Constitución, atravesó ciertos vaivenes, hasta llegarse a la abolición definitiva en diciembre de 1870. La lucha contra España en los campos permitió disminuir grandemente la separación entre las dos razas fundamentales que componen el pueblo cubano, dándose un sólido paso en la integración de la nación. Lentamente, en un teatro de operaciones adverso —en cerca de sesenta y cinco mil kilómetros cuadrados combatían alrededor de cinco mil mambises contra casi cien mil españoles— los cubanos liberaban palmo a palmo las áreas rurales, mientras España mantenía su dominio en pueblos y ciudades.

Entre el ejecutivo y el legislativo cubanos se agriaron las relaciones, sobre todo a raíz de la deposición del general en jefe, Manuel de Quesada, en diciembre de 1869. Quesada, cuñado del presidente, fue depuesto por la Cámara al pedir mayor libertad para el aparato militar, y su cargo no fue jamás cubierto, con lo que cada general debía tomar las medidas que creyera necesarias en su región, sin ser controlado centralmente. La emigración cubana en Estados Unidos, desangrada por pugnas internas, apenas ayudó a los combatientes mambises. Céspedes envió a Quesada a esa nación como su emisario personal, con lo que la emigración se dividió en dos grupos, los *quesadistas* y los *aldamistas*, seguidores del hacendado habanero Miguel Aldama. La querella desatada no la pudo resolver ni siquiera la llegada del vicepresidente cubano, Francisco Vicente Aguilera.

Varias naciones latinoamericanas expresaron su apoyo a la República de Cuba, aunque el bajísimo desarrollo económico en la región limitó la materialización de este; sin embargo, muchos jóvenes del continente se trasladaron a la Isla, a combatir por su libertad, destacándose entre ellos Juan Rius Rivera, puertorriqueño, y José Rogelio Castillo, colombiano, quienes alcanzaron los grados de general.

Ulises Grant, presidente norteamericano, al compás del tradicional interés de su país sobre Cuba, no reconoció la beligerancia de los cubanos; obstaculizó la labor patriótica de estos en territorio norteño; en sus mensajes anuales al Congreso condenó la guerra de Cuba; y apoyó a España con la información a su alcance. Por medio del secretario Hamilton Fish, Estados Unidos hizo fracasar un hermoso plan colombiano, en 1874, que consistía en comprarle a Madrid la independencia cubana, con una contribución monetaria de cada nación de América. Mantener la Isla en manos españolas hasta poder adquirirla fue la tónica de la administración estadounidense a lo largo de la guerra.

En el primer quinquenio de la revolución hubo diferentes acontecimientos que resultan fundamentales para comprenderla, tales como la invasión a la región de Guantánamo por Máximo Gómez, en 1871; el fusilamiento de ocho estudiantes de medicina, que eran inocentes, también en 1871, crimen cometido por exigencias de los voluntarios españoles en La Habana; la muerte de Ignacio Agramonte en Jimaguayú, en 1873; la deposición de Céspedes en 1873, por sus diferencias con la Cámara, en Bijagual, y con posterioridad su muerte en San Lorenzo, en 1874; la captura del general Calixto García en San Antonio de Baja; y la realización de las principales batallas de la guerra en la región camagüeyana: Naranjo, Mojacasabe y Las Guásimas, en 1874, todas dirigidas por el primero de los generales mambises, que ya era Máximo Gómez. Los vaivenes de la política española —monarquía, república y restauración con Alfonso XII— facilitaron en cierta medida los logros insurrectos.

Acompañado por menos de dos mil hombres, en su calidad de jefe del Camagüey y Las Villas, Máximo Gómez comenzó a principios de 1875 la invasión a este último territorio, con vistas a luego extenderla al occidente. Los mambises atravesaron la Trocha de Júcaro a Morón —hilera de fortificaciones militares que dividía a Cuba en dos— y destruyeron gran cantidad de ingenios y fincas, en política de guerra conocida como *tea incendiaria*. De manera paralela, liberaban los esclavos que encontraban a su paso. El poder colonial comenzó a tambalearse en la Isla. Sin embargo, los problemas internos de la revolución impidieron continuar la campaña invasora.

Gómez había pedido a la Cámara que le enviase refuerzos una vez comenzada la invasión. Cuando estos debieron concretarse, las tropas orientales seleccionadas se reunieron en Lagunas de Varona convocadas por figuras muy cercanas al general Vicente García donde, de común acuerdo los amigos de este, los deudos de Céspedes —mandatario depuesto— y los soldados que no querían ir a Las Villas —por el apego al terruño natal— demandaron de la dirección civil la sustitución del presidente Cisneros, la modificación de la Constitución y la convocatoria a elecciones, entre otros asuntos.

El ejecutivo y el legislativo mostraron su debilidad interna al no adoptar drásticas medidas contra tamaña sedición, y, para resolverla, solicitaron de Gómez que se entrevistase con el general García. En definitiva, después de la entrevista, se acordó el ascenso a la presidencia de Juan Bautista Spotorno como interino, quien dejó el cargo a Tomás Estrada Palma en 1876. La unidad revolucionaria quedó plenamente quebrantada; y la invasión a occidente se paralizó. La falta de apoyo a las tropas invasoras influyó en la muerte del jefe de la vanguardia, el norteamericano Henry Reeve apodado *El Inglesito*.

El regionalismo, característica de la vida colonial cubana, había prendido desde tiempo atrás en los combatientes villareños, y llegó a extremos tales que el polaco Carlos Roloff, en nombre de la oficialidad de Las Villas, pidió a Máximo Gómez que abandonara la dirección de la región en octubre de 1876. El jefe expulsado regresó a Camagüey, muy afectado anímicamente, en difíciles momentos que exigían una gran unidad revolucionaria, dada la política que siguió el nuevo capitán general español, Arsenio Martínez Campos.

Conocido en España como El Pacificador por su exitosa intervención en los agudos problemas políticos y militares de su país, Martínez Campos, oficial de academia que ya había estado en la guerra cubana, implantó medidas encaminadas a acabar el conflicto no solo desde el punto de vista militar. Entre ellas estaban la devolución de los bienes embargados a los grandes propietarios cubanos; el respeto a la vida de los mambises que se presentaran y, si era preciso, darles algún dinero; eliminación de las deportaciones; reparto de raciones a combatientes famélicos; y sobre todo, expurgar cada pedazo del territorio, para así eliminar a los insurrectos. En momentos de crisis de la revolución, tal política le dio un excelente resultado.

La crisis trató de ser resuelta por el gobierno mambí, que designó al general Vicente García para hacerse cargo del mando en Las Villas. Este demoró el cumplimiento de la orden, y en mayo de 1877 protagonizó una nueva sedición militar, ahora en Santa Rita, otra vez revestida de aspectos programáticos. Decidido a no cumplir la disposición del gobierno, García regresó a Las Tunas, su zona habitual. El combate en la región central casi desapareció y el aparato ejecutivo entró nuevamente en crisis, al caer prisionero el presidente Estrada Palma en Tasajeras en noviembre de 1877. Un breve tiempo de interinato presidencial de Francisco Javier de Céspedes cedió el paso, decidida la Cámara a apelar a cualquier circunstancia para salvar la República, a la presidencia de Vicente García.

Diversos factores se unieron para llegar a la firma de una paz sin independencia el 10 de febrero de 1878, en la finca El Zanjón. Al desgaste producido por casi diez años de combate se sumó la poca cantidad de recursos de guerra recibidos desde el exterior; la falta de unidad entre los combatientes; las subjetividades que caracterizaron a no pocos de los principales líderes; el inoperante aparato de dirección revolucionaria establecido, que trabó, en vez de hacer viables, las operaciones bélicas; la no existencia de un ejército con un mando central fuerte; y ciertas concepciones prevalecientes en algunos de los jefes, en lo referente a la relación poder civil-mando militar. Estas deficiencias fueron muy bien aprovechadas por Martínez Campos. El convenio de El Zanjón, que puso fin a la revolución de 1868, reconoció la libertad de los esclavos y culíes chinos presentes en las filas mambisas, prometió conceder reformas liberal-burguesas que luego no se cumplieron y declaró lo pactado como válido para todas las regiones de Cuba.

A pesar de su sagacidad, el militar español se equivocó en lo último. En la zona oriental, los mambises capitaneados por Antonio Maceo, general mulato de amplísimo prestigio al final de la guerra, se negaron a aceptar el convenio. En memorable entrevista efectuada en Mangos de Baraguá, en marzo de 1878, declararon su decisión de continuar el combate, lo cual hicieron pocos días después, e implantaron un nuevo aparato de gobierno y otra Constitución revolucionaria. Aunque no pudieron sostenerse debido a la crónica falta de recursos y a que España concentró sobre ellos las tropas anteriormente dislocadas, se convirtieron en ejemplo de intransigencia al no aceptar una vez más la condición de dependencia colonial.

A mediados de 1878, se cerraba la primera etapa de las luchas libertadoras cubanas sin la creación del Estado nacional, a pesar de lo cual se acumuló, para empeños posteriores, una gran experiencia político-militar. Pocos mambises se radicaron en Cuba, de vuelta a sus hogares. La gran mayoría se trasladó al extranjero, en donde se centrarían ahora los desvelos por independizar a Cuba.

El período interguerras

Llama la atención un hecho incontrastable, si se analiza con detenimiento la situación económico-social cubana en el último cuarto del siglo XIX: el desarrollo del capitalismo, que en el período dio pasos muy firmes, materializando elementos que ya eran ostensibles. La sociedad cubana adquiere perfiles —siguiendo la tendencia mundial— que marcaron la tónica de la siguiente centuria.

Un proceso de concentración de la producción se pone de manifiesto en la segunda mitad del siglo. Las fábricas de azúcar poco eficientes por no haber podido modernizarse desaparecen y ceden su lugar a nuevas industrias, los centrales. Buena parte de los productores que pierden sus ingenios se dedican a sembrar caña, para molerla en centrales ajenos, lo que da lugar al desarrollo del sector de los *colonos*, de gran influencia posterior. Aparece así la división en la producción azucarera entre las partes agrícola e industrial. El mercado cubano del azúcar se concentra cada vez más en Estados Unidos, dada la estrechez del consumo español, y se llega al extremo de que, en 1895, el 85,83% de las ventas cubanas del dulce se hacen a ese país.

Junto a lo anterior, debe valorarse algo determinante: los vendedores y los importadores azucareros estadounidenses habían ido dejando de comprar refino cubano para priorizar el azúcar no procesado (crudo), con lo que la refinación en Cuba disminuyó notablemente y la colonia se convirtió en productor de mera materia prima. España, sin embargo, con un mercado interno de muy escaso poder adquisitivo, exigía azúcar refino. La industria principal cubana se subordinó cada vez más al mercado norteamericano y a sus exigencias.

Estados Unidos había empezado a invertir capitales en la Isla, que a fines de siglo alcanzaban una suma cercana a los cincuenta millones de dólares, situados principalmente en el azúcar y en la minería. La creación del Sugar Trust en 1891 por Henry Havemeyer remachó las cadenas de la creciente dependencia, separó a Cuba aún más de España, y contribuyó grandemente a subordinar a la otrora poderosa burguesía cubana.

El ejemplo fehaciente que demuestra la endeblez de la economía cubana y su dependencia, se manifiesta en el hecho de que los grupos económicos de la Isla solicitaran de España la firma de un tratado de reciprocidad comercial con Estados Unidos, para garantizarse dicho mercado. Madrid trató de hacerlo, pero tal tratado nunca fue ratificado. En 1890, las presiones norteamericanas sobre las naciones del hemisferio para especializarlas en productoras de materias primas se hicieron presentes en el

Bill McKinley y su corolario, la Enmienda Aldrich, que margi-
naba del mercado norteño a las regiones que no se abrieran a
los productos industriales del Norte. La tozudez española de no
rebajar los aranceles a productos estadounidenses trajo el surgimiento en Cuba del Movimiento Económico, agrupación de
productores y vendedores en defensa de sus intereses. Dicho
movimiento no logró todos sus objetivos, pero sirve de muestra
de la dependencia foránea de la economía cubana.

Vinculado al desarrollo del capitalismo se encuentra el problema de la fuerza de trabajo: era necesario abolir la esclavitud. En 1880, después de arduas consultas con los propietarios,
Madrid emitió la Ley del Patronato, que prolongaba ocho años la
esclavitud, lo que no llegó a cumplirse, pues esta fue suprimida
en 1886. Los negros recién liberados engrosaron las filas del pro-
letariado agrícola, que creció grandemente. Empero, la falta de
brazos fue una constante para la agricultura cubana, y obligó
a aplicar múltiples soluciones en el nuevo siglo. La abolición
ayudó en no poca medida a la ampliación del mercado interno.

Bajo el manto de las libertades prometidas por Martínez
Campos en El Zanjón comenzó, en 1878, un proceso de creación
de agrupaciones políticas, que culminó en la integración de dos
grandes partidos, el Unión Constitucional y el Liberal Autonomista. El primero —en un intento de caracterización— respondía a los intereses de los grandes productores y comerciantes
españoles que habían logrado mejorar su tecnología, aun cuando
en él hubo no pocos cubanos. Intransigentes políticamente, alia-
dos de Madrid, propugnaban un estado de «asimilación» entre
Cuba y España.

Compuesto por los elementos más débiles de la burguesía,
apoyado por excelentes intelectuales, el Partido Liberal se auto-
designó como vocero de los intereses nacionales dada la mayo-

ría de su membresía, originaria de Cuba. Sus grandes figuras, profesionales de primer rango, fueron entre otros José María Gálvez, José Antonio Cortina, Miguel Figueroa y Rafael Montoro. A estos hombres no se les ocultaban las dificultades de su proyecto político —la autonomía— por el que lucharon dos décadas. Dicho proyecto, bien estructurado económicamente, no resolvía los problemas de las masas nacionales, pero daba elementos razonables para mejorarlos. El autonomismo sumó prosélitos durante cierto tiempo, aprovechando el desgaste del independentismo; sus oradores, luchadores «de gabinete», plantearon asiduamente los problemas implícitos en el régimen colonial, sin llegar a abogar por la independencia patria. Antes bien, repudiaban los cambios abruptos, y su labor tribunicia iba dirigida a perfeccionar el statu quo imperante.

España ni supo, ni quiso aprovechar lo que representaba el autonomismo: la posposición de la revolución, y dio siempre su apoyo al integrismo viabilizando fraudes electorales, readecuando leyes para favorecerlo y obstaculizando la propaganda de los autonomistas, marginados del aparato de gobierno. El autonomismo perdió buen número de adeptos en la misma medida en que el independentismo se recuperaba, además del desencanto provocado por la parcializada política española. El autonomismo ni tan siquiera logró la implantación de un plan de reformas en Cuba en 1893. El camino se despejaba para una nueva etapa de combate por la creación del Estado nacional.

Terminada la Guerra de los Diez Años, los independentistas no descansaron, y prepararon la Guerra Chiquita (1879-1880) sin analizar objetivamente las causas del fracaso anterior. Crearon así clubes no vertebrados horizontalmente, con un centro en Nueva York dirigido por Calixto García; improvisadamente, hubo alzamientos en la Isla no coordinados entre sí ni con el centro y la guerra se desgastó con celeridad por la falta de recursos, el agotamiento del país y las diferencias entre García y Antonio Maceo. El Partido Autonomista apoyó radicalmente a España, propalando la falacia de que esta era una guerra de negros contra blancos. En octubre de 1880, finalizó el intento, no sin haber dejado un excelente legado a las luchas posteriores: en él estrenó su liderazgo futuro el héroe nacional cubano, José Martí Pérez.

Las expediciones aisladas que se prepararon en los ochenta tampoco culminaron con éxito, al pretender llevar a Cuba una revolución no instrumentada, a pesar del esfuerzo de algunos de sus promotores, como Carlos Agüero, Limbano Sánchez o Ramón Leocadio Bonachea, todos generales. Ni siquiera pudo triunfar el plan mejor preparado del período, conocido como Plan Gómez, por tener al frente al general Máximo Gómez, y desplegado entre 1884 y 1886. El independentismo no había aprendido aún a profundidad los factores objetivos y subjetivos que desatan una revolución, y a propugnar, antes de hacer estallar la guerra anticolonial, una eficaz unidad entre los revolucionarios.

La revolución de 1895

Correspondió a un hombre no desgastado en pugnas previas priorizar la unidad entre los combatientes, establecer sobre bases nuevas la actuación independentista y dotar a esta de un cuerpo ideológico efectivamente radical. Este hombre, el abogado habanero José Martí, era hijo de españoles y vivía emigrado en Estados Unidos, después de varias estancias muy provechosas en España, México, Guatemala y Venezuela. A comienzos de los años noventa, era el escritor más famoso de la lengua española y el primer periodista del continente.

Dos diferencias capitales tuvo la nueva etapa en relación con las anteriores: un sólido proyecto transformativo económico y social, que impulsara el desarrollo nacional autóctono; y un proceso organizativo de varios años. El programa revolucionario creado por Martí tomó cuerpo dentro de los emigrados con el Partido Revolucionario Cubano (PRC), que se proclamó el 10 de abril de 1892. Gracias a él y a su periódico *Patria*, Martí desplegó una labor extraordinaria divulgando los contenidos perspectivos del cambio social cubano, y usó a ambos para allanar la unidad en torno al PRC, y a su figura como delegado de este. El mes de septiembre de 1892 representó un hito en el proceso unificador, al aceptar el general Máximo Gómez la suprema dirección del ramo militar en la futura contienda.

Poco a poco, figuras imprescindibles se irían sumando al programa martiano, tales como los generales Serafín Sánchez, José Rogelio Castillo, José Maceo, Flor Crombet y, por supuesto, Antonio Maceo. Las concepciones martianas no representaban un civilismo estilo *sesenta y ocho*, sino que él y su proyecto constituyeron la superación definitiva de los enfrentamientos civiles y militares de guerras pasadas, unido a un ideario que se proyectaba como latinoamericanista, concebido en función de las masas trabajadores y de aquellos sectores sociales portadores de un interés nacional, capaces se impedir la expansión por tierras de *Nuestra América* de las ambiciones estadounidenses, con estructuras propias de autogobierno.

Febrero 24 de 1895 marcó el inicio de los alzamientos anticolonialistas en la zona oriental, dirigidos durante algunas semanas por Guillermo (*Guillermón*) Moncada y Bartolomé Masó. El plan operativo martiano de expediciones y alzamientos simultáneos fracasó por diversas razones, y, una vez reestructurado, el Maestro —apelativo dado por sus seguidores a Martí— se trasladó a

Santo Domingo, donde escribió y firmó con Gómez el programático documento conocido como *Manifiesto de Montecristi*. Después de esfuerzos agónicos, ambos lograron desembarcar en Cuba, en abril de 1895, por la Playita de Cajobabo, en Oriente. Unos días antes había arribado el general Maceo por la costa de Duaba, quien asumió enseguida el mando militar de la provincia oriental. En los primeros momentos de la revolución, por razones diferentes, habían muerto los generales Moncada y Crombet.

Martí y Gómez se reunieron el 5 de mayo con Maceo en la finca La Mejorana. El delegado y el generalísimo sostenían opiniones comunes sobre la organización civil revolucionaria que no eran totalmente compartidas por Maceo. Pocos días después, el 19 de mayo, cayó en combate José Martí, en la zona de Dos Ríos; con él desaparecía el artífice ideológico de la lucha anticolonial y el primer pensador de América. Gómez y Maceo, de mutuo acuerdo, se encargaron de poner en pie de guerra a todo Oriente. Maceo ganó las batallas de Jobito, Peralejo y Sao del Indio, y Gómez se trasladó a Camagüey donde, apoyado por Salvador Cisneros, desplegó su famosa Campaña Circular en torno a la ciudad de Puerto Príncipe, fogueando a los jóvenes. Pocas semanas después, por el sur de Las Villas desembarcaba una gran expedición, al mando de Serafín Sánchez y Carlos Roloff.

Celebrada en la zona camagüeyana de Jimaguayú, en septiembre, la Asamblea Constituyente convocada al efecto acordó una carta magna que trató de lograr un equilibrio justo entre los mandos civil y militar. Se estableció un Consejo de Gobierno compuesto por seis personas, con funciones legislativas y ejecutivas. Salvador Cisneros fue electo presidente y Bartolomé Masó, vicepresidente. La asamblea ratificó en sus cargos a Gómez y a Maceo, y designó a Tomás Estrada Palma como ministro plenipotenciario en el exterior, cargo que se sumó al que este ya detentaba una vez muerto Martí, es decir, delegado del PRC. Con ello se abrió la posibilidad de una doble actuación de dicha figura, lo que sucedió con rapidez.

El próximo paso fue preparar la invasión a occidente, que comenzó por Mangos de Baraguá. Gómez fue el jefe supremo, con Maceo de segundo. La invasión constituyó una de las campañas militares más brillantes que se hayan dado en América. Unos cuantos cientos de mambises mal armados y hambrientos se enfrentaron, en un reducidísimo espacio geográfico, a un ejército con elevada capacidad combativa, bien provisto; en solo tres meses los cubanos recorrieron más de mil kilómetros, en jornadas a veces de ochenta kilómetros. Iguará, Mal Tiempo, Coliseo, Calimete, el Lazo de la Invasión, marcan jalones combativos. Los mambises llegaron a la provincia de La Habana en enero de 1896, y se acordó que Maceo culminara la campaña invadiendo Pinar del Río, mientras Gómez distraía tropas enemigas en la provincia capitalina. El 22 de enero se firmaba en Mantua el acta que certificaba la culminación de la empresa.

España decidió aplicar medidas extremas, y sustituyó a Martínez Campos por Valeriano Weyler, quien ya había estado en Cuba. Representante de los más retrógrados intereses colonialistas, este aplicó una política genocida llamada *reconcentración*, que forzaba a los campesinos a agruparse en zonas urbanas, para evitar que ayudaran a los mambises. Los reconcentrados carecieron de todo lo elemental; librados a su suerte, la mortalidad y las enfermedades fueron horrendas en 1896-1897. Los muertos se han calculado entre 150 000 y 200 000 personas. A pesar de la hecatombe, la guerra no se detuvo.

Además de la gran masa de combatientes y civiles fallecidos, en los dos primeros años la revolución perdió a muchas figuras importantes, tales como *Guillermón* Moncada, Flor Crombet,

Francisco Borrero, Juan Bruno Zayas, José María Aguirre, José Maceo, Serafín Sánchez, y un hombre de excepción, el lugarteniente Antonio Maceo, caído en San Pedro, La Habana, en diciembre de 1896. Ante tal mutilación, el generalísimo Máximo Gómez se creció para continuar con la dirección militar sin mermas combativas ostensibles.

La unidad revolucionaria tuvo serios problemas debido a los enfrentamientos entre el Consejo de Gobierno y el general en jefe. El primero, interesado en controlar a la oficialidad, comenzó con rapidez a intervenir en asuntos bélicos; a otorgar grados militares sin la debida aprobación; a tolerar el comercio con el enemigo; y sobre todo, a permitir la molienda azucarera, merced a compromisos hechos en el exterior por Estrada Palma. Lo descrito provocó graves fricciones con Gómez, acusado por los civiles de «interferir» la vida republicana. El jefe mambí decidió presentar su renuncia, pero la muerte de Maceo —y con él, la de su ayudante Francisco Gómez, hijo del general— suavizó las tensiones, si bien estos difíciles momentos fueron aprovechados por elementos procedentes del sector autonomista para influir en decisiones internas de la revolución.

A la muerte de Maceo, Calixto García ascendió a lugarteniente general. Sus campañas en la región oriental y la utilización de la artillería lo hicieron famoso. Gómez, decidido a desgastar a España, ubicó su campamento en la zona de La Reforma, entre Las Villas y Camagüey, y agotó, aprovechando el calor del trópico, a 40 000 soldados españoles que lo perseguían sin descanso. Al cabo de varias semanas, el desgaste dio sus resultados: miles de soldados ibéricos fueron hospitalizados, sin que España tuviera cómo reponer estas bajas.

Para entender en toda su dimensión la revolución de 1895, debe tenerse en cuenta el interés de los gobiernos norteamerica-

nos hacia Cuba. Para impedir que la isla cayese en manos inglesas, como esperaban que sucediera, Washington prefería que
esta continuase en manos españolas. Sin embargo, aprovechando
coyunturas internacionales, el presidente Grover Cleveland,
desde 1896, comenzó a presionar a España para que terminara la
contienda. Su sucesor, William Mc Kinley, aumentó las exigencias. Inventando noticias de guerra, la prensa amarilla agitó la
opinión pública del Norte, utilizando a su favor las simpatías de
los norteamericanos por la independencia de la Antilla.

Como delegado del PRC, Estrada Palma hizo dejación de
sus principios fundamentales y trató de promover el cese de la
lucha por medio de la compra de Cuba por Estados Unidos, o
mediante la intervención militar norteamericana. Con ello se sal-
varían los intereses económicos de la burguesía, ante una revolución de masas de alto contenido transformativo. Cediendo
ante Washington, España aparentó suprimir la reconcentración,
relevó a Weyler, y trajo a Ramón Blanco, para que aplicase una
ficción de gobierno autonómico en 1898, al que se prestó el Partido Liberal, no sin fuertes discusiones en su seno. En aquellos
momentos la autonomía no podía ser la solución de los problemas cubanos, y los mambises la rechazaron con notable energía.

Los cuerpos de voluntarios muy vinculados a integristas
recalcitrantes, con sus protestas antiautonómicas, facilitaron que
el gobierno norteamericano, «preocupado» por la situación que
en La Habana pudieran atravesar sus ciudadanos, enviase a la
capital cubana el acorazado *Maine*. En febrero de 1898 el barco
explotó en la bahía de manera aún hoy muy discutida, lo que
trajo acusaciones mutuas norteñas y españolas. A la luz de tal
acontecimiento, Mc Kinley solicitó del congreso el permiso para
declarar la guerra, no sin hacer primero un intento de compra de
la Isla.

Después de diversos cabildeos, animados por funcionarios cubanos cercanos a Estrada Palma, tanto el Senado como la Cámara de Representantes acordaron, el 20 de abril, la Resolución Conjunta, que reconocía la independencia de Cuba y declaraba que Estados Unidos entregaría la Isla a su pueblo una vez pacificada, sin pretensiones de anexión. La Resolución, en un futuro, sirvió de valladar a las apetencias norteñas; pero en su momento viabilizó la intervención en la guerra anticolonial de la nación cubana.

Por sus contradicciones políticas internas, España se vio obligada a aceptar la guerra con una nación muchísimo más fuerte. La conflagración se desplegó entre mayo y agosto de 1898. El orgullo español prefería rendirse ante los estadounidenses y no frente a los cubanos. La nación norteña, contrariamente, jugaba con todas las posibilidades a su favor; así la escuadra de este país hundió los débiles restos de la flota ibérica en la titulada batalla naval de Santiago de Cuba. Tal batalla decidió el curso posterior de los acontecimientos y permitió a Estados Unidos obtener el dominio sobre Cuba, Puerto Rico y las asiáticas Filipinas, con un esfuerzo de relativa pequeñez.

En consonancia con su política tradicional, los norteamericanos no reconocieron e ignoraron al Consejo de Gobierno y al Ejército Libertador, para no comprometerse en su actuación futura. Máximo Gómez fue totalmente marginado. Pero el Consejo de Gobierno, cuyo presidente era Bartolomé Masó, en elecciones efectuadas a raíz de la aprobación de la Constitución de La Yaya en octubre de 1897, orientó a las tropas orientales a que no abandonaran el teatro de operaciones y siguieran la lucha al lado de los estadounidenses. Así, Calixto García se convirtió en el artífice del asedio y la toma de Santiago, hecho estimado como imposible por el alto mando norteño. Como premio a tan brillante desempeño, el general fue objeto de una increíble ofensa: se impidió la entrada en Santiago de los combatientes mambises, con el pretexto de evitar probables represalias. La Resolución Conjunta comenzaba a ser conculcada.

Mucho daño hizo a los cubanos el bloqueo naval implantado por Washington, y mucho el cese del fuego, en agosto de 1898, a partir del cual los recursos alimenticios de que se apropiaban los insurrectos pasaban a ser considerados como resultado del delito de robo. Los ocupantes, apoyando al más débil contra el más fuerte —como estipulaban sus instrucciones— repartían alimentos entre los españoles. Los dirigentes cubanos, en cumplimiento con lo establecido por la Constitución de La Yaya, disolvieron el Consejo de Gobierno y convocaron a elecciones en octubre para elegir los miembros de un nuevo órgano, la Asamblea de Santa Cruz, que se trasladaría sucesivamente a Marianao y al Cerro —áreas entonces periféricas de La Habana— ya en 1899. En la emigración, Estrada Palma disolvió el PRC, con lo que el aparato supremo tan caro a José Martí dejó de existir.

Sin la presencia de representantes del pueblo cubano, el 10 de diciembre de 1898 se firmó en París el fin de la guerra entre España y Estados Unidos. Máximo Gómez diría que Cuba no era ni libre, ni independiente todavía, ante el comienzo de un incierto período de la vida insular. El peligro de la pérdida de la identidad nacional, y, más aún, de la anexión a una nación extraña, eran evidentes. El fin del colonialismo europeo no traía la creación del Estado nacional. Por fortuna para sí mismo, el pueblo de Cuba entraría en la primera intervención norteamericana, a partir de enero de 1899, con una enorme tradición de combate y un cuerpo de ideas independentistas notable. A pesar de las poderosas fuerzas foráneas en juego, fue muy difícil impedir el establecimiento de una república en la Perla de las Antillas.

3
República y soberanía

La primera intervención

El primero de enero de 1899 comenzó en Cuba la primera intervención norteamericana. El colonialismo español, después de cuatro siglos, abandonó el territorio de la mayor isla antillana sin dejar instaurado un Estado nacional, y, peor aún, sin conocerse con certeza su futuro. Aunque la Resolución Conjunta amparaba el derecho de los cubanos a la plena soberanía, parecía bastante difícil que el gobierno estadounidense no fuera a sacar provecho de aquella extraña situación, sobre todo si se tiene en cuenta el estado que atravesaban las fuerzas revolucionarias. Estas, representadas por la Asamblea de Santa Cruz y por el ejército mambí, no podían entender históricamente los reclamos de la nueva coyuntura. Y los problemas de carácter subjetivo entre los patriotas, algo común, se harían presentes con rapidez.

Debe decirse de antemano que Estados Unidos, en enero de 1899, no tenía una política sólidamente definida hacia Cuba. Muy diversas fuerzas chocaban en el seno de la Unión, con criterios contrapuestos. Desde propugnadores de un estatus colonial, hasta impulsores de la anexión, sin olvidar a sinceros independentistas, los políticos estadounidenses, en defensa de sus intereses sectoriales, probaron diferentes vías para el control de la Isla. Lentamente, la situación interna cubana llevó a la creación de una nueva república en América, con vínculos que la ataran fuertemente a la patria de Abraham Lincoln.

John R. Brooke fue el primer interventor y desempeñó sus funciones hasta diciembre de 1899. No siendo miembro de los grupos más decididamente anexionistas, Brooke se rodeó de figuras en alguna medida vinculadas con la revolución y creó un gabinete civil de cuatro miembros que lo auxiliaran. Bajo su mandato, comenzó un proceso tendente a «norteamericanizar» la Isla, de lo cual es fiel reflejo el interés por sanearla, y sobre todo, promover la educación al estilo anglosajón e implantar el estudio de la lengua inglesa. Además, un grupo numeroso de jóvenes asistieron a escuelas en Estados Unidos, a recibir cursos para convertirse en maestros habilitados. Para conocer el verdadero estado demográfico y económico, comenzó la elaboración de un censo que arrojó la cifra de alrededor de 1 572 000 pobladores, mientras se impulsaba la creación de un cuerpo de policía y otro de guardias rurales, lo que se llevó a efecto el siguiente año.

Con el cese de la guerra, el ejército mambí atravesó terribles circunstancias de escasez de recursos, que hicieron que la dirigencia revolucionaria se planteara, sin una sólida visión de futuro, disolverlo, y facilitar que sus miembros regresaran a sus hogares, principalmente en zonas rurales. La Asamblea del Cerro quiso utilizar esta situación para obtener un préstamo gubernamental norteamericano, con lo cual sería reconocida oficialmente. Sin embargo, sus integrantes no lograron hacerse comprender por el general en jefe, Máximo Gómez, quien se inclinaba por aceptar un donativo ofrecido por el astuto McKinley.

Caldeados los ánimos, la Asamblea destituyó al generalísimo, con lo cual se destruyó a sí misma, puesto que el pueblo cubano realizó múltiples actos de apoyo y desagravio a su principal figura patriótica. A comienzos de abril, la Asamblea debió disolverse, y el ejército mambí recibió un «regalo» de tres millones de pesos para ser repartido proporcionalmente entre sus miembros. De un solo golpe, los problemas de unidad e inteligencia entre las fuerzas revolucionarias facilitaron al gobierno norteamericano el desmantelamiento de los dos últimos órganos representativos de la revolución de 1895. El pueblo cubano quedaba acéfalo en aquellas terribles circunstancias.

Muy rápidamente comenzó la estructuración de agrupaciones políticas partidistas, en el año 1899. Tanto los revolucionarios como los círculos no promotores de la república trataron de organizarse con vistas a las elecciones futuras. Surgieron así muchos grupúsculos, que se vertebraron finalmente en unas cuantas organizaciones más fuertes, tales como el Partido Nacional Cubano, el Partido Republicano Federal de La Habana, el Republicano Federal de Las Villas y el Unión Democrática. Los antiguos mambises —a pesar de los esfuerzos de Gómez— no lograron deponer sus reservas y agruparse en una sola entidad. Estos partidos, más que impulsar programas contrapuestos, constituían la reunión de clientes en torno a varios caudillos, y no representaban cabalmente, como en otras sociedades, los intereses específicos de las diversas clases sociales de la Isla. El independentismo perdió aquí, una vez más, la posibilidad de una sólida consolidación.

Llegado diciembre, Leonardo Wood sustituyó a Brooke. Mucho más agresivo que su antecesor, el nuevo jefe interventor trató de impulsar la anexión cubana a Estados Unidos, a lo que se opuso el consenso muy mayoritario en relación con el establecimiento de una república independiente. Esto impidió la creación de un gobierno civil y demostró a Washington la necesidad de encontrar fórmulas que, si bien sujetaran fuertemente a la Isla, proclamasen un nuevo Estado en el Caribe. De ahí la convocatoria primero a comicios municipales —en la que el voto fue muy restringido— y luego, el 25 de julio de 1900, a elecciones generales para elegir delegados a una Asamblea Constituyente. Una vez electos los delegados, el cónclave comenzó a sesionar el 15 de noviembre y se mantuvo en sus funciones hasta febrero de 1901. La Constitución acordada fue producto de una transacción entre los representantes, y no puede ser considerada como expresión de las ansias independentistas más radicales de la nación cubana, si bien respondía a la tradición legislativa liberal de la división en tres poderes.

Las instrucciones de Wood, dadas previamente a los constituyentes, implicaban establecer dentro de la carta magna las relaciones particulares entre Cuba y Estados Unidos. La gran mayoría de los asambleístas consideraban improcedente tal requisito, y así lo hicieron saber. Pero el gobierno de ese país no estaba dispuesto a permitir una plena soberanía, por lo que se les comunicó a los cubanos que, o se aceptaban las bases establecidas por el senador Orville Platt a la ley presupuestaria del ejército norteño, o no habría república. Estas bases fueron conocidas, por el nombre de su autor, como Enmienda Platt. Después de un forcejeo notable, en el que se expresaron las diferentes posiciones ante la soberanía nacional de los distintos grupos de la Constituyente, la Enmienda fue aprobada, por dieciséis votos a favor y once en contra, en junio de 1901.

De manera especial, la Enmienda cercenaba la soberanía cubana con su artículo tercero, que daba a Estados Unidos el derecho de intervención en los asuntos internos de Cuba cuando lo estimase necesario; y con el artículo séptimo, que le permitía a Estados Unidos tener bases navales y carboneras en la Antilla, fueran compradas o arrendadas. A partir de su aprobación, las fuerzas patrióticas cubanas comenzaron un fuerte combate, de dos décadas de duración, para abrogarla.

Tomás Estrada Palma y Bartolomé Masó fueron los dos candidatos presidenciales en 1901. El primero, de tibia proyección política y visto con agrado por Estados Unidos, con un impactante historial revolucionario, contaba con muy sólidos propulsores. Masó, por el contrario, con menos seguidores —y menor carisma, indudablemente— era un decidido patriota enfrentado a la Enmienda Platt. Las presiones norteamericanas en favor del primero llevaron al retraimiento electoral a los masoístas y, por consiguiente, al triunfo de Estrada Palma, victoria que implicó, como se ha señalado, una profundización en la división tradicional de los independentistas.

Se hallaba así todo preparado para que Estados Unidos se retirara de Cuba, lo que hizo no sin antes dejar, como muestra de sus verdaderos afanes, dos órdenes militares trascendentes, las numeradas como 34 y 62, que viabilizaban la penetración de las compañías ferrocarrileras estadounidenses en la patria de Martí, la primera; y establecía el deslinde de tierras y haciendas comuneras antiguas, la segunda, con lo que se facilitaba su adquisición por propietarios de Estados Unidos. Mermada sustancialmente la futura soberanía con el apéndice Platt y elegido el primer presidente, los interventores se retiraron de la Isla el 20 de mayo de 1902, fecha oficial de proclamación de la anhelada República de Cuba.

De Tomás Estrada Palma a Gerardo Machado

Al presidente Estrada Palma, y a su equipo de gobierno, le esperaba una tarea de grandes dimensiones. Por una parte, había que reconstruir una nación arrasada por la guerra anticolonial, en la que la miseria, el desempleo, el analfabetismo y la desidia española se habían hecho presentes en todo el país; y, por la otra, debían movilizarse los elementos patrióticos en función de obtener la mayor soberanía posible, en los estrechos marcos que permitía la ley Platt. Se necesitaba una gran unión nacional en torno al proyecto republicano, e integrar a los diferentes y heterogéneos sectores que componían el espectro político insular. En realidad, Estrada no era la persona indicada. Sus concepciones en torno a la conveniencia de una tutela extranjera sobre Cuba, por lo menos en los primeros años de vida independiente, y su rechazo personal a las masas populares, lo hacían poco idóneo para encauzar la nación en aquellos tiempos, lo que se pondría de manifiesto con celeridad.

Por otra parte, la burguesía radicada en Cuba no estaba en condiciones —ni siquiera hizo el esfuerzo por estarlo— de desempeñar un papel verdaderamente nacional, conformándose con los espacios que le dejó el capital estadounidense, en aumento constante durante varias décadas. El carácter dependiente de la burguesía de la Isla, sobre todo la industrial-comercial azucarera, actuó como un enorme freno al desarrollo de cualquier proyecto transformativo, una vez que la república comenzó a mostrar sus grietas, y sirvió de punta de lanza de la penetración extranjera, en combinación con la cual funcionó, al paralizar la labor de sectores más nacionalistas y dinámicos.

Derivado de lo ya señalado, se enmarca la premura con la que se redactó y aprobó un Tratado de Reciprocidad Comercial entre Cuba y Estados Unidos, en diciembre de 1902, ratificado al año siguiente. En el convenio, si bien ambos países rebajaban aranceles en un veinte por ciento, en no pocos casos Cuba llegaba al cuarenta, demostrando así la falacia de la reciprocidad. Se garantizaba la producción insular de materia prima para el mercado norteamericano, a cambio de lo cual se podían adquirir grandes cantidades de sus productos industriales. Aunque en

los primeros momentos el tratado ayudó a crear nuevos puestos de trabajo, a mediano plazo consolidó el carácter monopro-
ductor, monoexportador, pluriimportador y de monomercado
de la economía nacional, sometida cada vez más a los dictados
de Estados Unidos. Si en 1900 el azúcar representaba el 36%
de todas las exportaciones cubanas, gracias al tratado, en 1925
había llegado a representar cerca de un 84%.

El gobierno del antiguo mambí desplegó una gran labor de
estructuración republicana, firmando los tratados que Washington consideraba imprescindibles. Se sucedieron así con rapidez
la firma del Tratado Permanente —vale decir, la Enmienda Platt,
ahora rubricada por un gobierno cubano—, en 1903; el convenio
sobre arrendamiento de bases navales y carboneras, también en
1903, que sufrió modificaciones posteriores; y el Tratado sobre la
Isla de Pinos, en 1904, que reconocía la soberanía cubana sobre
la isla menor, pero que no fue ratificado por el gobierno estadounidense hasta 1925. Tales convenios convalidaban acuerdos
tomados durante la primera intervención.

Más que enrumbar su gobierno en la dirección de desarrollar,
en los marcos posibles, la economía de la nueva nación, Estrada
hizo grandes esfuerzos por ahorrar al máximo los precarios
recursos del Estado, con vistas a pagar el empréstito bancario
de treinta y cinco millones de dólares que le había suministrado
el capital privado estadounidense. Esto, lógicamente, impidió la
instrumentación de una política tendente a disminuir los graves
males sociales, lo que trajo aparejado con celeridad un rechazo
popular a la gestión presidencial. Paralelamente, los grupos
políticos que rodeaban al mandatario constituyeron un partido,
llamado Moderado —después tomaría el nombre de Conservador—, para oponerlo al ya fundado Partido Liberal, de supuesta
raigambre popular. Convencido Estrada Palma de la necesidad

«patriótica» de reelegirse, lanzó su campaña en 1905. Su principal opositor fue Máximo Gómez, desgraciadamente fallecido en junio de ese mismo año.

Fraude más, fraude menos, el presidente fue reelecto, lo que provocó un rechazo popular de altísima magnitud, reprimido con violencia. Los liberales, encabezados por el general José Miguel Gómez y Alfredo Zayas se levantaron en armas en la llamada Guerrita de Agosto de 1906. De más está decir que dicho alzamiento ponía en crisis el precario sistema republicano y viabilizaba la aplicación del artículo tercero de la Enmienda Platt. Ni las gestiones de antiguos mambises, ni las efectuadas por políticos de respeto, convencieron al presidente de deponer su actitud. Estrada Palma, de común acuerdo con el legislativo, renunció a su cargo, imitándolo el gabinete y los presidentes de los cuerpos legisladores. Acéfala la República, en septiembre de 1906 el gobierno de Estados Unidos decretó la segunda intervención.

Múltiples elementos diferencian esta intervención de la primera, el más importante de los cuales viene dado por el hecho de que, en la segunda, Cuba ya era una República, y seguiría siéndolo, según expresiones del gobierno de Estados Unidos. Entendida como un período de transición, la intervención, que duró hasta 1909, tuvo como figura principal a Charles Magoon, abogado y antiguo administrador del canal de Panamá. Este conocía muy bien su carácter transitorio, y estrechó relaciones con los grupos liberales desplazados por Estrada Palma. Para perfeccionar el aparato del Estado, se creó en diciembre del 1906 una Comisión Consultiva que debía elaborar las leyes complementarias a la Constitución de 1901, labor llevada a cabo por prestigiosos juristas.

Igualmente se hizo un nuevo censo de población, en 1907, que arrojó la cifra de 2,1 millones de habitantes, enorme aumento en relación con el de 1899. La Habana ya llegaba a 300 000 pobladores, y los extranjeros —fundamentalmente españoles, haitianos, jamaicanos— aumentaban sin cesar. También Magoon se encargó de establecer un ejército nacional permanente, que aún no existía. Su gobierno, anodino en la misma medida en que él lo era, dejó como legado la malversación del dinero acumulado en el tesoro por Estrada Palma, pérdida evaluada con discreción en alrededor de once millones, y el desarrollo vertiginoso de la corrupción administrativa con el otorgamiento de empleos a personal que no trabajaba, práctica política nacida en la colonia y que en Cuba recibía el nombre de «botella».

Era sabido que los liberales, como grupo político desplazado en 1905 por los moderados, contaban con las de ganar en las nuevas elecciones efectuadas en 1908. José Miguel, con Zayas como vice, arrasó en votación y accedió a la presidencia en enero de 1909, fecha adelantada para finalizar la segunda intervención. Del equipo de gobierno liberal, integrado por algunos nombres de alto prestigio patriótico, se esperaba una gestión mucho más acorde con las necesidades insulares que la desplegada por los palmistas. A ello se unía el innegable carisma del presidente Gómez, campesino devenido mayor general insurrecto, que era considerado como representante genuino de la población humilde. Muy pronto José Miguel se encargaría de demostrar todo lo contrario.

Los liberales, en el poder del 1909 al 1913, se caracterizaron por la entronización de una escandalosa corrupción administrativa. Utilizando a la República como una propiedad personal, José Miguel y su equipo robaron y dejaron robar en cantidades notables, aprovechando las utilidades que las crecientes inversiones estadounidenses aportaban al erario público. No contentos con solicitar y obtener de la banca de Estados Unidos un empréstito por 16,5 millones, los negocios fraudulentos se convirtieron en algo común. Ejemplo de los mismos fueron el canje de los terrenos del Arsenal por los de Villanueva, en enero de 1910, que sirvió para enriquecer a algunos grandes personajes del régimen; el dragado de los puertos, concesión hecha en febrero de 1911, en la que hubo pagos millonarios a los implicados; y una supuesta desecación de la ciénaga de Zapata, en junio de 1912, jamás realizada, asignada a una incompetente compañía estadounidense. Los fraudes trascendieron al público y fueron objeto de acerbas críticas en la prensa nacional. El desprestigio del liberalismo, como solución a los problemas nacionales, llegó a niveles extraordinarios.

Discriminados en la República, los negros trataron de organizarse en un partido político que tomó el nombre de Independientes de Color. Con rapidez, el congreso adoptó una ley prohibiendo las agrupaciones por raza, entre otras clasificaciones. Los negros, muchos de ellos ex mambises, presionaron al gobierno para su legalización; al no obtenerla, cometieron el error de alzarse en armas, en mayo de 1912, a la espera de que su antiguo compañero José Miguel los entendiera. El mandatario, temeroso de ser acusado de debilidad y muy pendiente del artículo tercero de la ley Platt, hizo una verdadera carnicería entre los alzados, que apenas armados no pudieron resistir el empuje combinado del Ejército y la Guardia Rural. El alzamiento de los independientes se convirtió en la página más trágica del gobierno liberal. Con su nueva política «preventiva», Washington desembarcó un grupo de marines en la provincia de Oriente, región fundamental del alzamiento.

Negado a auspiciar que su segundo, Zayas —líder de una facción importante del liberalismo—, accediese al poder, José Miguel favoreció el ascenso de los conservadores, en la persona del general mambí Mario García Menocal. Este era muy bien visto por Washington, como ex administrador del central norteamericano Chaparra. Ingeniero graduado en Estados Unidos, elitista por naturaleza, enérgico de carácter, amante de las costumbres y los hábitos anglosajones, y feroz enemigo de cualquier cambio radical tanto en lo económico como en lo social, Menocal llegó al poder en 1913. El desprestigio del liberalismo era su mejor carta de gobierno. Pronto demostraría sus dotes dictatoriales.

Su permanencia en el poder entre los años 1913 y 1921, vale decir, durante dos períodos presidenciales, no se comprende si no se recuerda el estallido, en 1914, de la Primera Guerra Mundial, que se extendió durante varios años. Estados Unidos, que desempeñó un importante papel en esa conflagración, tuvo a Cuba de aliada, pues Menocal declaró la guerra a Alemania. El azúcar se convirtió en un producto bélico de primera necesidad, y la mayor de las Antillas era la principal suministradora a la economía estadounidense. Lo que no fue posible para Estrada Palma o para José Miguel, lo fue para Menocal, ya que Estados Unidos necesitaba al frente de Cuba a un hombre «fuerte», dispuesto a aceptar los dictados de la Unión.

Al compás de la guerra, la demanda de azúcar se hizo cada vez mayor y los precios aumentaron. Era por ello poco probable que Washington se cuestionase una reelección en Cuba, y el presidente, postulado nuevamente en 1916, hizo un notorio fraude para ganar las elecciones y desplazó a su contrincante, José Miguel, que aspiraba una vez más. El jefe liberal, aplicando los métodos que tanto resultado le habían dado en 1906, realizó un alzamiento antimenocalista —nada programático— que fue secundado en diversos sitios por sus partidarios, en febrero de 1917, y que es conocido como La Chambelona, que dio lugar a una contagiosa conga' que ha sido paradigmática en Cuba. Estados Unidos dejó bien claro que no apoyaría el levantamiento, que desapareció por sí mismo no sin dejar como saldo varias decenas de muertos. Preventivamente hubo también el desembarco de algunos grupos de marines. Con pretensiones de evitar los problemas electorales cubanos, el gobierno de Estados Unidos envió a La Habana a un representante, Enoch Crowder, quien se encargó de modificar el código electoral y hacerlo más viable, tarea que terminó en agosto de 1919.

Menocal se ocupó de resolver una vieja demanda: establecer una moneda nacional, que comenzó a circular en 1914. Con la banca estadounidense contrató varios empréstitos, consolidados en una suma cercana a los cincuenta millones. Asimismo realizó un censo de población, en 1919, que mostró, al igual que el anterior, un notable crecimiento de pobladores, en cifras redondas, 2,9 millones. Los extranjeros continuaban aumentando al compás del crecimiento azucarero y el desarrollo urbano, desmesurado para un país agrícola. La Habana, con cerca de cuatrocientos mil habitantes, era la primera ciudad de Centroamérica y el Caribe, y experimentó, en el gobierno menocalista, un vertiginoso ritmo de urbanización, llenándose de palacetes vinculados a la riqueza azucarera. En la etapa tuvo lugar un hecho curioso e importante: el inicio efectivo de la organización de las mujeres, con la creación, en 1918, del Club Femenino de Cuba, antecedente de luchas posteriores.

Como cooperación con la política de guerra de su aliado, el gobierno cubano aceptó, en 1917, que Estados Unidos comprara la zafra en bloque a un precio que si bien era bueno, no estaba a la altura del mercado, precio que fue fijado en 4,60 centavos la libra, a pesar de la resistencia de los productores nacionales. Al año siguiente, 1918, la situación se repitió, aunque el precio de la compra subió a 5,50 centavos. Con independencia de los cientos de millones que Cuba perdió —gesto de gratitud de Menocal por el apoyo a su reelección— el monto total de las zafras, en vertiginoso aumento —alrededor de cuatro millones de toneladas—, garantizó un ingreso nacional insospechado hasta entonces. Tal ganancia se quedaba en manos de la burguesía azucarera y de algunos sectores con ella relacionados, y no se revirtió en adelantos sociales de interés nacional. Los jerarcas cubanos, eufóricos por las ventas, se lanzaron a una oleada especulativa que trajo catastróficas consecuencias.

Ya en 1919, el fin de la conflagración, el inicio de la recuperación de las áreas remolacheras europeas y los sobrantes mundiales de azúcar, hicieron que Estados Unidos liberalizara los controles. Para prever un alza en el consumo y la consiguiente subida de precios, los productores cubanos aumentaron más aún su producción. La recuperación europea, que marchaba con lentitud, disparó la cotización hasta la cifra inaudita de veintidós centavos la libra, con lo que el frenesí especulativo alcanzó niveles nunca vistos. Velozmente, el equilibrio del mercado hizo descender los precios, que se desplomaron hasta estabilizarse en alrededor de tres centavos, ya en 1920. El desplome de la economía fue catastrófico, dadas las transacciones comerciales efectuadas en momentos anteriores.

Para proteger la banca nacional, Menocal dictó una moratoria de pagos, en octubre de 1920. Como la medida no fue suficiente, se dispuso a prolongarla. Pero los bancos estadounidenses, que eran ya abundantes en Cuba, y cuyos activos se encontraban en su nación de origen, presionaron para ponerle fin. Una vez más, el gobierno cubano cedió, y las Leyes Torriente eliminaron la moratoria en enero de 1920. La quiebra mayoritaria de los bancos nacionales, librados a su suerte, no se hizo esperar. Y la banca estadounidense, sin oposición, reforzó grandemente su participación en los negocios cubanos. Se intensificaba así la dependencia del exterior de la economía cubana, cuyo principal producto, el azúcar reflejaba con creces su agotamiento.

Por supuesto que la crisis de la economía trajo un despliegue muy importante de luchas de las masas populares. En todas las provincias cubanas se sucedieron las huelgas que, no existiendo aún una organización nacional, eran convocadas por ramas específicas de trabajadores, si bien los intentos por vincular a diferentes sectores se hacían cada vez más fuertes. Ferroviarios, azucareros, tipógrafos, marítimos, portuarios y tabacaleros eran los grupos de más peso, pero sus concepciones aún reflejaban gran influencia anarquista y reformista. Dos grandes pasos, empero, se dieron en la época: la creación de la Agrupación Socialista de La Habana, en 1918, y el surgimiento de la Federación Obrera de La Habana, en 1920.

Cuando su gobierno iba a finalizar, Menocal decidió apoyar a Alfredo Zayas, que se había desgajado del liberalismo y creado un partido de exigua minoría, el Nacional —de los cuatro gatos, en excelente definición popular— en sus antiquísimas aspiraciones presidenciales, en detrimento de su propio partido Conservador. Con el apoyo desde Palacio, Zayas venció a su rival, una vez más José Miguel. El presidente saliente le hizo al nuevo mandatario un regalo digno de Maquiavelo: solicitó de Estados Unidos que se enviase a Cuba nuevamente a Enoch Crowder, tanto para proponer medidas de saneamiento gubernativo como para «fiscalizar» a Zayas, de muy mala fama en tanto administrador. El norteamericano llegó en enero de 1921, y su gestión entorpeció tremendamente el primer año del zayismo.

Zayas, sin embargo, no podía quejarse: después de una larguísima espera, al fin accedía al poder. En sus manos estaba una nación cuya economía atravesaba una grave crisis, un pueblo en rápido crecimiento con enormes necesidades insatisfechas y un rumor sordo en una generación nueva que ya se perfilaba, no comprometida con los prohombres del mambisado, de que el fracaso ya ostensible de las estructuras republicanas había que resolverlo, de una vez por todas, de manera abrupta.

El período gubernamental de Zayas (1921-1925) fue heredero de los peores males republicanos. En medio de la crisis provocada por la caída de los precios del azúcar, estabilizar la realidad nacional hubiese implicado remodelar las relaciones con Estados Unidos, eliminando notablemente la dependencia. Desde el Estado era imposible pensar en tal solución, suponiendo que al nuevo gobernante se le hubiese ocurrido, cosa impensable. Por el contrario, Zayas trató de sobrellevar la estancia de Crowder con miras a obtener un anhelado empréstito. El procónsul norteño, empeñado en moralizar la administración insular, intervino en todas las secretarías, tanto «aconsejando» como imponiendo decisiones, y hasta participó en la selección del llamado burlonamente «gabinete de la honradez». Se llegó al extremo de enviar cada cierto tiempo, notas llamadas memorandos al mismísimo presidente. Tal injerencia en los derroteros del gobierno cubano era tremendamente criticada en la prensa, y fue soportada por el mandatario hasta que obtuvo un empréstito redondeado en cuarenta y ocho millones.

De poco le sirvió a Crowder su labor, ya que el gobierno zayista, sumergido en momentos de fortísimas críticas al desfuncionamiento de la República, permitió fraudes tales como los vinculados a la Ley Tarafa o de subpuertos, que beneficiaba

a muchas compañías azucareras norteamericanas; o la preten-
dida compra del convento de Santa Clara, típico fraude al estilo
del liberalismo. Si al desprestigio que estos asuntos provocaban
se suma el hecho de que Estados Unidos elevó el arancel al azúcar cubano, de 1,60 centavos a 1,76 en 1922 gracias a la tarifa
Fordney, se comprende que una vez transcurridos veinte años
de desafueros republicanos, una generación diferente se planteara acabar, en los inicios, con la corrupción y el fraude, y, en la
medida en que se tomase conciencia de la realidad nacional, con
la dependencia económica y política de Estados Unidos.

Así se explica la eclosión de movimientos sociales que se
observan en el cuatrienio de Zayas. Estudiantes, intelectuales,
mujeres, obreros, comienzan a batallar, organizándose, por el
mejoramiento republicano. Cada uno de estos grupos tiene sus
proyecciones, sus enfoques sobre la realidad insular. El fragor
de la lucha fue haciendo comprender a los líderes más capaces
—de los cuales hay virtualmente una explosión en la etapa— la
importancia de la unidad, no ya en torno a un proyecto sectorial, sino en función de obtener una verdadera soberanía, tanto
política como económica. A la vez, indisolublemente ligado a lo
anterior, comienza a entenderse el verdadero lugar desempe-
ñado en los males republicanos por Estados Unidos.

Las ideas sobre reforma universitaria que se desarrollaron
por aquellos tiempos en Córdoba, Argentina, tuvieron una gran
repercusión en Cuba, y los estudiantes de la Universidad de La
Habana, única existente en el país, comenzaron un fuerte bregar
por mejorar los planes de estudio, expulsar profesores incom-
petentes y testaferros del régimen y participar en el gobierno
universitario. Al calor de esta lucha surgió, en diciembre de 1922,
la Federación Estudiantil Universitaria (FEU), de enorme trascendencia en la historia de Cuba. Su principal animador, Julio

Antonio Mella, se convirtió en el más grande líder cubano de aquellos tiempos. Al compás de los debates suscitados en el estudiantado, se realizó el Primer Congreso Nacional Revolucionario de Estudiantes en octubre de 1923. La FEU animó y propulsó la creación de la Universidad Popular José Martí —sintomático nombre— en noviembre del mismo año, en la que recibían clases gratuitas cientos de obreros y humildes empleados.

Una intelectualidad joven, de altos quilates, se hizo presente en marzo de 1923 con los acontecimientos conocidos como Protesta de los Trece, al denunciar públicamente la corrupción imperante y el fraude realizado por el gobierno de Zayas en la compra del Convento de Santa Clara y su posterior venta amañada. Rubén Martínez Villena fue la máxima representación de este sector de la intelectualidad, que más tarde se organizó con el nombre de Grupo Minorista. Intelectuales de mayor experiencia, encabezados por Fernando Ortiz, desplegaron la Junta de Renovación Nacional a partir de abril del propio 1923, con inquietudes reformistas de la vida nacional. A su vez, las luchas femeninas permitieron realizar el Primer Congreso Nacional de Mujeres, en abril, en el que los problemas específicos de ese género dieron los primeros pasos para insertarse en la problemática colectiva nacional.

Los luchadores de las guerras anticolonialistas, en unión de figuras de cierta estatura patriótica dieron vida, en 1923-1924, a una Asociación de Veteranos y Patriotas, cuyas proyecciones reformistas recogían la frustración de los antiguos mambises. Dicho grupo organizó un movimiento de Veteranos y Patriotas, que se planteó efectuar un alzamiento para modificar la realidad circundante. En esto contaban con el apoyo de jóvenes decididos, entre ellos Villena. La insurrección, que tuvo lugar en abril de 1924, fue un típico sainete republicano, y su jefe, el coronel

Federico Laredo Bru se dejó «convencer económicamente» por Zayas, para abandonar la lucha. El movimiento sirvió de gran escuela a los jóvenes cubanos, en el sentido de evitar, para el futuro, las alianzas con los políticos corruptos de la generación anterior.

Mayor peso y trascendencia tuvieron los sucesos vinculados con los obreros. Las huelgas de trabajadores, intensificadas en el zayismo, y la experiencia adquirida, dotaron de mayor coherencia a estos, que se plantearon crear una central obrera unida. Después de no pocos vaivenes, en febrero de 1925, surgió la Confederación Nacional Obrera de Cuba (CNOC) que integró en su seno a miles de trabajadores. El proceso organizativo de la época se completó con la fundación, en agosto de 1925, del Partido Comunista de Cuba, en lo que desempeñó un relevante papel Julio Antonio Mella. En la tercera década republicana, las estructuras ideo-políticas de los trabajadores, la pequeña burguesía y la intelectualidad patriótica, dieron un sustancial paso de avance para una futura reformulación del statu quo imperante.

Claro está que tanto la oligarquía cubana como la clase política al uso, y asimismo, el gobierno norteamericano, entendieron la necesidad de evitar males mayores; para ello era imprescindible un nuevo presidente que, a diferencia de Zayas, fuese un hombre «de mano muy dura» contra los luchadores nacionalistas. La opción que se impuso fue la de un antiguo general de 1895, miembro prominente del liberalismo, ya famoso por sus actitudes represivas en diferentes momentos: Gerardo Machado y Morales. El capital norteamericano logró su postulación por encima de otros candidatos liberales. Su gobierno, iniciado el 20 de mayo de 1925, se convirtió en la mayor dictadura de la primera mitad del siglo XX cubano.

Una década imprescindible

Casi veinticinco años después del establecimiento de la República, los tremendos problemas económicos de esta, las lacras gubernativas y el agravamiento de los males sociales, exigían del nuevo equipo en el poder una especial atención. La población cubana, ascendente en 1931 a 3,96 millones de habitantes según el censo realizado, estaba urgida de profundas transformaciones. Sin embargo, cualquier alteración del entorno republicano, si se hacía con decoro, en un país en el cual en 1928 el monto total de las inversiones norteamericanas alcanzaba la increíble suma de 1 500 millones de dólares, modificaría en múltiples direcciones la dependencia del país norteño, lo que este no permitiría. De ahí que Machado se propusiera, en los estrechos marcos en que le era posible, impulsar un programa económico no visto con anterioridad. Dadas sus excelentes relaciones con Washington, y confiando en una pequeña recuperación azucarera que se observó a partir de 1923, trató de promover ciertos cambios en la esfera económica.

Su programa no podía ofrecer resultados. Una restricción de la zafra, con vistas a equilibrar oferta y precios, solo trajo como consecuencia la reducción de la participación cubana a escala mundial, pues los otros productores no disminuyeron su producción. Tampoco le dio resultado un costoso plan de obras públicas, que contemplaba terminar el Capitolio Nacional, hacer la escalinata universitaria, extender el Malecón habanero, y sobre todo, trazar la carretera Central de Cuba. Como forma de paliar el desempleo durante un tiempo, algo se obtuvo; a cambio de ello, Machado solicitó empréstitos de la banca norteamericana en mayor cantidad que los presidentes anteriores en su conjunto. La reforma arancelaria de 1927, el más ambicioso de los proyectos, no logró sus objetivos, en tanto el aumento arancelario a productos foráneos para incentivar la producción interna no podía alterar lo convenido en el Tratado Comercial de 1902. Las reformas machadistas, al no intentar romper la dependencia de Estados Unidos, no rindieron los frutos esperados. Y la debilidad de su concepción comenzó a enfrentar al presidente con los sectores patrióticos de la sociedad cubana.

En los inicios de su gestión, Machado contó con un apoyo adecuado de los sectores oligárquicos y de los grupos políticos, lo que le permitió impulsar la idea del «cooperativismo»: evitar males republicanos gracias al respaldo político burgués. En ese contexto, se llegó en 1925 a la promulgación de una Ley de Emergencia Electoral. El régimen derivó con rapidez hacia una prórroga de poderes y, a su vez, a una campaña tendente a impulsar la reelección presidencial, con lo que se enajenó el apoyo relativo de que disfrutaba antes.

Sin embargo, los políticos tradicionales nunca pudieron estructurar un frente común contra la dictadura que comenzaba, ya que sus intereses no iban más allá de acceder al usufructo del poder, desplazando a Machado. Las capas intermedias, en particular el estudiantado, sí dieron pasos mucho más firmes en su labor antimachadista. Julio Antonio Mella, expulsado de la universidad en 1925, realizó una huelga de hambre que movilizó en su favor a diferentes sectores nacionales. Exiliado en México, convertido en líder revolucionario continental, Mella fue asesinado por la dictadura en 1929. Dos años antes, en 1927, había surgido en el alto centro de estudios habanero un Directorio Estudiantil Universitario (DEU) contra la prórroga de poderes, de poca duración.

Al compás de los desafueros cometidos por el gobierno, las huelgas no cesaron de aumentar a partir de 1930, así como las protestas del estudiantado y la pequeña y mediana burguesías. Este año puede ser considerado como el de la irrupción abrupta, en la arena política, de la lucha popular. Debe entenderse, sin embargo, que ni la oligarquía, ni las masas tenían concebido un programa vertebrado, coherente. Las acciones eran de tipo sectorial, no unificadas. Carlos Mendieta y Montefur, desgajándose del liberalismo, había constituido la Unión Nacionalista dentro de los usos de la política tradicional. Los universitarios establecieron, en 1930, el Directorio Estudiantil Universitario, mucho más fuerte que el anterior, y del que se desprendió en 1931 el Ala Izquierda Estudiantil, que sostenía vínculos con el Partido Comunista. De gran importancia resultó la formación, en 1931, del ABC, grupo conformado mayormente por las capas intermedias, de especial estructura interna en el panorama nacional, pero cuyo programa no combatía los marcos de la dependencia.

El 30 de septiembre de 1930, en una manifestación multitudinaria atacada por el régimen y en la que hubo algunos heridos, falleció el dirigente estudiantil Rafael Trejo, con lo que la lucha de los universitarios se recrudeció. No ocurrió lo mismo con los grupos políticos tradicionales encabezados por Menocal y Mendieta, que intentaron un simulacro de alzamiento en Río Verde, en agosto de 1931, el que fue velozmente sofocado por las tropas de Machado. Tal intento demostró la incapacidad de los viejos políticos para conducir un verdadero proceso de lucha, y puso de relieve la validez del estudiantado y los trabajadores a la hora de acabar con la tiranía.

La situación crítica de la economía mundial, ostensible desde 1929, tuvo fortísimas consecuencias para Cuba. En lo referente al azúcar, nada pudo impedir que los precios oscilaran entre 0,71 y 0,97 centavos a comienzos de los años treinta. La produc-

ción total de azúcar de la Isla descendió de 5,1 millones de toneladas en 1929, a 2 millones en 1933. Ni el Plan Chadbourne, en
1930, ni la fuerte restricción que Cuba se impuso en el Convenio
Internacional Azucarero de 1931, ayudaron a estabilizar la crisis
azucarera. Por si esto fuera poco, Estados Unidos implantó una
nueva tarifa en 1930, la Hawley-Smoot, que elevaba el arancel al
azúcar insular hasta los 2 centavos por libra. Los factores señala-
dos, junto a otros económicos más generales, llevaron a que
Cuba, abastecedora del consumo azucarero norteamericano en
un 52% en 1929, viese disminuir su participación hasta el 25% en
1933, lo que trajo aparejado un notable aumento del desempleo
en la Isla y una gran reducción de los días de zafra. La fuerte
crisis económica que debió enfrentar Machado, y la represión
instrumentada por el dictador para hacer que la población la
soportara, aumentaron notablemente la oposición popular a su
gobierno.

Ante los problemas cubanos, Estados Unidos decidió enviar
a La Habana a un nuevo embajador, Benjamín Sumner Welles,
en marzo de 1933, para poner de acuerdo a los diversos sectores y resolver la crisis «desde arriba». La labor de Welles, conocida como «mediación», se encaminó a lograr el consenso entre
los grupos políticos, que en su mayoría pasaron a cooperar con
el funcionario norteamericano. El DEU y los comunistas no se
integraron a ella. Welles no supo advertir que la realidad cubana
había llegado a un grado tal de explosividad que la clase política
tradicional ya no controlaba la situación, a lo que se unía la tozudez de Machado, negado a abandonar el poder. Un gigantesco
movimiento de huelgas en todo el país culminó con la caída del
dictador, el 12 de agosto de 1933, quien huyó de Cuba.

Para mantener el machadato sin Machado, se designó como
presidente provisional a un anodino político de prestigioso ape-

llido, Carlos Manuel de Céspedes. Sin embargo, aprovechando la existencia de una conspiración de sargentos en algunos cuarteles, el estudiantado y las capas intermedias depusieron a Céspedes el 4 de septiembre, con lo que se dio paso a un régimen gubernamental no visto antes, compuesto por cinco personas, que recibió por ello el nombre de Pentarquía. La participación de los sargentos en el golpe señalado representó en la historia nacional el surgimiento de la figura de Fulgencio Batista.

Un sistema gubernamental tan ajeno a las necesidades objetivas de aquellos tiempos poco podía durar; así la Pentarquía desapareció el 10 de septiembre y dio paso a una estructura que ha sido denominada como Gobierno de los Cien Días, en referencia a su duración, que fue en realidad un poquito mayor. Este gobierno, la máxima expresión a que pudo llegar la revolución del 30, tuvo como presidente a un catedrático, Ramón Grau San Martín, quien participó activamente en la vida política nacional durante años.

El verdadero animador del mismo fue el secretario de Gobernación, Guerra y Marina, Antonio Guiteras Holmes, personalidad capital del período, de un antiimperialismo radical. Guiteras constituyó en el gobierno la ideología patriótico-revolucionaria más avanzada, mientras Grau se caracterizaba por su tibio reformismo y Batista, devenido con celeridad en coronel y jefe de las Fuerzas Armadas, representaba la reacción conservadora, ya íntimamente relacionado con la embajada norteamericana. La definición de fuerzas explica que el gobierno, a pesar de los esfuerzos de Guiteras, no lograra tener un programa común antiimperialista de cambio radical, y se vio enfrentado a las fuerzas crecientes de la reacción oligárquica y al poco apoyo que le prestaron otros sectores sociales como los comunistas.

Durante su corta permanencia en el poder, el gobierno de

Grau, presionado por el sector radical encabezado por Guiteras, impulsó medidas de gran beneficio nacional. Se aplicó la
jornada laboral de ocho horas; se aprobó una ley por la cual
el 50% de los trabajadores de un centro debían de ser cubanos; se rebajó el precio al consumo de electricidad y de gas; se
otorgó el voto a la mujer; y se intervino la mal llamada Compañía Cubana de Electricidad, todo lo cual arreció la oposición
burguesa, mientras no se logró el reconocimiento oficial por
parte de Washington. La polarización de los grupos habituales
se reflejó, en octubre de 1933, en la llamada batalla del Hotel
Nacional —majestuoso edificio donde se había refugiado la
vieja oficialidad desalojada del Ejército—, expresión de la crisis
social que se atravesaba. La crisis fue muy bien aprovechada
por Batista, como brazo armado de la embajada norteamericana
—a cuyo frente se encontraba ahora Jefferson Caffery— para
unir a los políticos tradicionales preocupados por los derroteros que asumía el gobierno. Si bien Guiteras denunció la labor
antinacional de Batista frente a Grau, el presidente no tomó la
medida de sustituirlo.

᛫ No sorprende entonces que el 15 de enero de 1934 se pro-
dujera un golpe contrarrevolucionario que terminó con el auto-
proclamado Gobierno Revolucionario. De común acuerdo, la
reacción tradicional, la embajada norteamericana y Batista,
entronizaron en el poder al coronel mambí Carlos Mendieta,
simple muñeco de los sectores descritos; de ahí que su mandato, que duró hasta fines de 1935, fuera conocido como el
gobierno Caffery-Batista-Mendieta. Este representa el cierre de
la etapa ascendente del ciclo revolucionario gracias al retorno
al poder de la oligarquía nacional dependiente. Guiteras debió
pasar a la clandestinidad, y creó en 1934 una organización de
nuevo tipo, la Joven Cuba, con planes insurreccionales. A su

vez, los sectores reformistas promovieron al Partido Revolucionario Cubano (Auténtico) que rápidamente fue puesto bajo la dirección de Grau.

Para demostrar su apoyo a la nueva situación, el ejecutivo norteamericano reconoció enseguida a Mendieta, cuyo gobierno promulgó en febrero una Ley Constitucional alejada de los intereses populares. En el propio año 1934, en mayo, se firmó un nuevo Tratado de Reciprocidad Comercial que, si bien rebajaba los aranceles a ciertos productos nacionales, obligaba a Cuba a hacer concesiones de hasta un 60%, con lo que la dependencia económica aumentaba. Un equipo de especialistas de Estados Unidos, auspiciado por la Foreign Policy Association, estudió la realidad cubana e hizo la propuesta de introducir tibios cambios en el panorama económico, que fueron publicados en 1935 bajo el nombre de *Problemas de la Nueva Cuba*. La crisis nacional azucarera no fue resuelta, en tanto Washington implantó en 1934 un sistema de cuotas para el abastecimiento del dulce a su mercado interno, y la cuota cubana fue fijada en apenas el 29,4% del consumo norteamericano, cifra muy inferior a la que la Isla necesitaba. Gracias a la ley —titulada Costigan-Jones— puede definirse la situación azucarera cubana como estabilizada a muy bajo nivel, sin opciones reales de crecimiento en su principal y casi único mercado.

Washington le hizo a Mendieta un gran favor, a la par del tratado. En el mismo mes de mayo fue eliminada la Enmienda Platt, después de más de treinta años de vigencia, y que ninguna falta hacía dada la dependencia cubana de Estados Unidos. Ni el nuevo tratado, ni la abolición del apéndice constitucional pudieron sofocar las huelgas y manifestaciones populares, negadas las masas a perder sus esperanzas en una verdadera transformación socioeconómica. Los dispersos grupos revolucionarios, faltos de la imprescindible unidad, organizaron una huelga general para marzo de 1935 sin haber erradicado los subjetivismos imperantes. Se logró hacer estallar la huelga, reprimida salvajemente por Fulgencio Batista. Los auténticos y el ABC tuvieron no poca responsabilidad en su fracaso. Según algunos estudiosos, la huelga fue el último gran acto revolucionario de la década del treinta. Para otros, el cierre del combate popular lo representó el asesinato de Guiteras en El Morrillo, en el mes de mayo. Sea como fuere, la revolución del 30 ya estaba extinguida.

4
La antesala y el inicio de la Revolución

La lucha en torno a la Constitución

El precario equilibrio político conseguido por los grupos oligárquicos permitió un reagrupamiento de fuerzas con vistas a las elecciones presidenciales, convocadas para enero de 1936. Mendieta debió renunciar, ante la desconfianza que provocaba su figura para encauzar la campaña electorera. Bajo una dirección anodina, la consulta popular llevó a la máxima magistratura a Miguel Mariano Gómez, hijo del ex presidente José Miguel, representante típico de una clase política agotada, incapacitada para reestructurar una sociedad en crisis. En el mes de mayo, el nuevo gobernante asumió la difícil tarea de conducir y guiar a la nación cubana.

Durante los años 1936-1939, Batista consolida su papel como gran figura del Ejército. Dentro de la institución, el ascenso a la oficialidad de muchos de sus seguidores, el otorgamiento de ventajas a la tropa y, sin dudas, su don de mando, lo convirtieron en el jefe castrense indiscutido. El nuevo presidente Miguel Mariano no supo valorar este factor y, creyéndose apoyado por la población, entró en contradicción con el antiguo sargento. El motivo de fricción era de ínfima monta, aunque en el fondo estaba el control del Ejército y de la nación. Batista logró, con la anuencia de la embajada norteamericana, algo increíble: el Senado, en diciembre de 1936, depuso al presidente. Federico Laredo Bru, el vice, terminaría el período gubernamental.

La situación crítica de la economía llevó a Batista a impulsar una llamada Ley de Coordinación Azucarera, en 1937, que poco podía hacer por el desarrollo de un producto de alto riesgo en el mercado mundial; asimismo, el jefe del Ejército proclamó, el año citado, un costoso Plan Trienal, abandonado poco después, que en el fondo propendía a establecer beneficios para el sector militar. A partir de estos años, en la economía cubana comienza a darse el fenómeno de que, debido a la inestabilidad política y al agotamiento del azúcar, se inicia la contracción de las inversiones estadounidenses, que se ubican en países y áreas de mayor rentabilidad.

El período de Laredo Bru constituyó una etapa de serios esfuerzos por plasmar una nueva Constitución, que recogiese legalmente las demandas principales de la lucha antimachadista. De igual manera, la situación internacional, caracterizada por el ascenso en Europa del nazismo alemán en alianza con el fascismo de Mussolini y, por ende, los preparativos de la Segunda Guerra Mundial, trajeron una activa labor en pro de las naciones oprimidas, de la cual fue un gran ejemplo el apoyo a la república española, en el que se destacó el intelectual Pablo de la Torriente Brau. La actitud del gobierno de Estados Unidos —que llevaba adelante la política llamada del «Buen Vecino»— de condena a los regímenes de origen militar con propensiones dictatoriales, hizo que Batista, muy al tanto del acontecer en Washington, tratase de cambiar su imagen de feroz militarote separándose del Ejército y haciendo declaraciones de corte democrático. De ahí que expresara su acuerdo con la convocatoria a una Asamblea Constituyente y, previo a ello, con las medidas que introducían nuevos sujetos en la sociedad civil.

Entre tales disposiciones hubo dos de especial importancia para el futuro nacional. En 1938, se permitió la legalización de todos los partidos, entre ellos el Comunista, que pudo reorganizarse bajo el nombre de Unión Revolucionaria Comunista, y participar así en el proceso constituyente que se avecinaba. En enero de 1939, al compás de lo que sucedía en América Latina, se formó la Confederación de Trabajadores de Cuba (CTC), muy vinculada al partido mencionado, y que realizaba el viejo sueño de una sola organización obrera nacional.

Después del paso previo de elegir a los ochenta y un delegados, la inauguración de la Asamblea Constituyente tuvo lugar en febrero de 1940. El reagrupamiento de las fuerzas políticas ante una reunión de tanta importancia dio el triunfo al bloque oposicionista, en el que se destacaban los auténticos. Las fuerzas progresistas nacionales hicieron un serio esfuerzo porque las necesidades de la población quedasen plasmadas en la nueva carta magna; pero la derecha presente en la Asamblea maniobró con suficiente habilidad como para mellar no pocas demandas populares. No sin serios problemas de atraso en su labor, los constituyentes firmaron el documento programático el primero de julio de ese año.

En el texto constitucional, ya ha sido dicho, no se recogieron todas las aspiraciones del proceso revolucionario de los años treinta; sin embargo, no puede objetarse que su articulado tenía un carácter progresista, muy superior a la Constitución de 1901, y que algunas de sus formulaciones superaban los marcos de la «democracia» burguesa habitual en Cuba, como fue plasmar el derecho a la educación gratuita y, sobre todo, proscribir el latifundio, medida difícil de instrumentar en la realidad insular, pero no por ello menos importante. Como buena parte de las sesiones de la Asamblea fueron radiadas, el pueblo pudo conocer quiénes y cómo promovían el adelanto popular. Ya firmada la Constitución, las elecciones presidenciales elevaron al poder, ahora en calidad de primer mandatario, a Fulgencio Batista, que debía gobernar en el período comprendido entre 1940 y 1944.

Su etapa gubernamental se caracterizó por la entrada de Cuba en la guerra mundial y la cooperación con el gobierno estadounidense en calidad de aliado menor. Tal y como había pasado en la contienda internacional anterior, Estados Unidos utilizó el azúcar como producto bélico de especial magnitud, para lo cual suspendió el sistema de cuotas. De ahí que la Isla vendiese en bloque sus zafras al coloso norteño, en el período de 1942 a 1947. El monto total de la cosecha pasó de 2,8 millones en 1939 a 4,3 millones de toneladas en 1944. Este aumento y la consiguiente prolongación de los días de zafra, unido a otros factores, representó una cierta disminución de las huelgas obreras en el batistato, a lo que también contribuyó el respaldo del partido de los comunistas al gobierno que había declarado la guerra a las potencias fascistas y reconocido a la Unión de Repúblicas Socialistas Soviéticas (URSS).

El censo nacional efectuado en 1943 mostró que la población había llegado a casi 4,9 millones de habitantes, de los cuales una cifra muy cercana a un millón correspondía a La Habana y sus alrededores. El enorme aumento de las comunicaciones, sobre todo aéreas, con Estados Unidos, y la relación de dependencia, impulsaron la proliferación del modo de vida y las costumbres del norteamericano medio, lo que fue visible, por ejemplo, en la apertura de tiendas «por departamentos».

Por más que las masas populares lo exigieran, y luchasen para lograrlo, no se obtuvo la elaboración de las leyes complementarias a la Constitución de 1940, sin lo cual los postulados de esta no tenían real validez. Batista no se ocupó de instrumentar algo tan importante, que evidentemente afectaba los intereses de la oligarquía en Cuba, y mucho menos podía constituir una prioridad gubernamental cuando había, por los medios que fuera, que garantizar la producción azucarera que Estados

Unidos, envuelto en la guerra, exigía. Con rapidez, su período de gobierno cedió el paso a Ramón Grau San Martín, máximo representante del Partido Auténtico, y de antiguo conocido en la política nacional.

Los auténticos en el poder

El Partido Revolucionario Cubano (Auténtico) gobernó dos períodos consecutivos: de 1944 a 1948, con Ramón Grau San Martín, y de 1948 a 1952 con Carlos Prío Socarrás. En la historia republicana, ninguna otra agrupación logró despertar tantas expectativas para el desempeño de su gestión gubernamental, acompañada de una tremenda simpatía de las masas. El programa reformista del autenticismo, a pesar de sus muy estrechos límites, fue seguido por cientos de miles de cubanos, confiados en que al fin se haría la «auténtica revolución» que transformaría la vida nacional.

El líder máximo ni estaba ni le importaba estar a la altura de las demandas populares, y su rechazo absoluto a otras organizaciones, en particular a los comunistas, lo llevaba a detestar las alianzas entre partidos. Su gobierno fue una muestra excelente de «dejar hacer» y de represión contra las luchas de los trabajadores. Prío, en sus inicios, trató de dar una imagen de seriedad presidencial, haciendo algunos tibios cambios, pero con celeridad los pandilleros y gánsters de la época controlaron la realidad nacional. Muy poco demoró el reformismo auténtico en demostrar su incapacidad para remodelar el statu quo insular.

Grau tuvo a su llegada al poder no pocas circunstancias favorables derivadas de la coyuntura internacional. La guerra mundial tocaba a su fin, pero aún Estados Unidos compraba en bloque las zafras cubanas, con lo que el ingreso nacional mantenía una relativa estabilidad que permitió recuperar el mercado de ese país, llegándose a abastecerlo en cerca del 40%. La Isla se convirtió en fundadora de la Organización de las Naciones Unidas (ONU), escenario donde el gobierno auténtico pudo mostrar cierta postura propia que mejoraba la imagen internacional de la política cubana. Si bien los acuerdos del recién creado Acuerdo General de Aranceles y Comercio (GATT) limitaban las posibilidades de una reformulación amplia de la economía, la firma en 1947 de un acuerdo particular (exclusivo) con Estados Unidos estimuló algunas producciones agrícolas internas.

Durante el gobierno de Batista se había logrado una cooperación estable entre el ejecutivo y los comunistas, al extremo de que algunos de sus dirigentes llegaron a integrar el gabinete presidencial. Grau, por el contrario, aprovechando las tensiones crecientes entre Moscú y Washington al compás de la Guerra Fría, desplegó una política de marginación para los miembros del partido, denominado desde 1944 Partido Socialista Popular (PSP). Previamente, el nuevo mandatario había tratado de eliminar la influencia de Batista en el Ejército removiendo los mandos afines a este, sustituyéndolos por sus seguidores; el resultado obtenido fue muy relativo, pero permitió a Grau disponer de militares que persiguieran con saña a todo luchador por el mejoramiento social. Como parte de su política, los acólitos del gobierno lograron que el V Congreso de la CTC, efectuado en 1947, acabara con la influencia comunista en la organización, que pasó a convertirse en un instrumento más del poder auténtico.

El recién creado Grupo Represivo de Actividades Subversivas persiguió y controló a los dirigentes obreros que se mantuvieron fieles a la CTC originaria. La tradición combativa de los trabajadores del azúcar se puso de manifiesto con las luchas, durante el grausato, por el pago del diferencial azucarero, vale decir, el

aumento proporcional a los obreros de la parte que debía corres-
ponderles por los incrementos en el precio del dulce. La energía
del líder Jesús Menéndez obtuvo esta reivindicación, lo que le
costó la vida en enero de 1948, asesinado impunemente por un
oficial del Ejército. El mismo año se hizo pública la nueva ley de
cuotas de exportación al mercado norteamericano, que otorgaba
a la mayor de las Antillas una cifra del 28,6%, muy por debajo
de lo exportado en el quinquenio anterior, y a todas luces insufi-
cientes para las necesidades nacionales.

Antes de abandonar el poder, Grau debió enfrentar el acontecimiento más importante de su gobierno: la escisión del autenticismo. Su fracaso en la satisfacción de las exigencias populares
y en reformular la vida republicana llevó, en 1947, a que uno
de sus más cercanos colaboradores, Eduardo Chibás, crease una
nueva agrupación, el Partido del Pueblo Cubano (Ortodoxo)
con un programa reformista de mayor radicalidad que su pre-
decesor. El hincapié en moralizar la administración pública y
en replantearse la ética republicana, junto a las dotes oratorias
de Chibás, le dio al nuevo partido un arrollador apoyo de las
masas cubanas, esperanzadas por mejorar su situación socioeconómica. Desde finales de los años cuarenta, la ortodoxia se convirtió en la principal fuerza política insular.

Carlos Prío comenzó su cuatrienio en 1948, y arrastró en sí
el desprestigio ya ostensible del Partido Auténtico merced al
desgobierno de su antecesor. De ahí que tratara en sus inicios
de mejorar la imagen de su agrupación, a la par que la propia.
Proclamó su interés por efectuar las leyes complementarias de
la Constitución de 1940, aún pendientes, algunas de las cuales
fueron promulgadas, como la que normaba el funcionamiento
de las provincias y los municipios. A la vez, expresó que su
gobierno combatiría la corrupción habitual con una política

de «nuevos rumbos» republicanos. Dentro de ella, se tomaron en cuenta ciertas sugerencias de la comisión del Banco Internacional de Reconstrucción y Fomento (BIRF) que estudió la difícil situación nacional en 1950, y publicó sus conclusiones con el nombre de *Informe Truslow*. La instauración del Banco de Fomento Agrícola e Industrial de Cuba (BANFAIC) respondió a tal política, cuyos resultados no fueron realmente percibidos por el cuerpo social.

Era imposible un efectivo control sobre la corrupción administrativa en Cuba cuando desde el propio gobierno, debido a sus alianzas vergonzosas, se favorecía el desastre ético republicano. Pandilleros, gánsters, ladrones, punto menos que constituían parte fundamental del equipo gubernamental, lo que provocaba una situación de terrible inseguridad en La Habana. Los asesinatos y ajustes de cuentas entre diferentes facciones eran algo habitual en la vida capitalina, sin que se observara que Prío y su equipo hiciesen algo por resolver tan terrible estado. Antes bien, los ministros priístas eran los primeros en asaltar el tesoro nacional, y sus relaciones con los grupos gansteriles eran de total dominio público.

Esto explica la enorme popularidad del líder ortodoxo Chibás, quien en constantes sesiones radiales criticaba y denunciaba la corrupción del régimen, sin temor de mencionar los nombres y apellidos de los funcionarios corrompidos. Su suicidio —decisión que tomó al no poder demostrar una de sus denuncias— en agosto de 1951, conmovió a la nación, y su figura devino paradigma de honestidad política. Sus jóvenes seguidores se hicieron sentir muy pronto en la vida nacional.

Desprestigiado el autenticismo, en el desolado panorama de la política tradicional, solo se apreciaba una agrupación con suficiente fuerza como para encabezar un viraje radical: la ortodoxia. Si bien este partido, una vez muerto Chibás, perdió no pocos de sus arrestos y quedó huérfano del carisma de un líder, no es menos cierto que su programa político y la tradición de las campañas chibasistas, a más de la aureola del jefe fallecido, lo convertían en probable ganador de las cercanas elecciones. La ortodoxia, con su programa reformista-democrático, en realidad no hubiese podido hacer mucho por transformar a Cuba, si no se suprimían los marcos de la dependencia foránea. Pero sus proyecciones altamente nacionalistas y los sacrificios que estaba dispuesto a hacer el brillante grupo de jóvenes que la componían —de mucha mayor radicalidad política que los ortodoxos tradicionales— asustaban demasiado a la embajada norteamericana. Y por supuesto, a Fulgencio Batista, que aspiraba volver al poder en 1952.

Desde semanas anteriores al mes de marzo se conocían los movimientos de Batista, sus intentos por unir a sus antiguos colegas militares y sus visitas a la sede diplomática estadounidense. Prío fue informado de que algo se tramaba, sin que adoptara la actitud necesaria para impedir una agresión violenta a la normalidad constitucional. Batista, sabedor de que las exiguas fuerzas de su Partido Acción Unitaria (PAU) y el poco respeto que el recuerdo de su período presidencial tenía, no le permitirían desplazar a los ortodoxos en la cercana consulta electoral, aprovechó con habilidad el interés de la oligarquía cubana por un «hombre fuerte» en el poder, que siendo grato a Washington controlara el caos ciudadano entronizado por el autenticismo. De lo que se trataba era de aplicar una política de mano dura, tanto contra los sectores pandilleros y gansteriles como contra las luchas y demandas populares. La conjunción de diferentes factores propició que Batista, el 10 de marzo de 1952, diera un golpe de Estado que desplazó del poder a Carlos Prío.

El presidente depuesto no se molestó en resistir la asonada militar ni aceptó encabezar la lucha contra su desplazamiento, que constituía un terrible golpe a la maltrecha experiencia cívico-democrática cubana acumulada desde 1940. La ortodoxia, dividida internamente, hizo tibias protestas de repudio, acogiéndose a viejas consignas abstencionistas, que en nada modificaban la situación. El Partido Socialista Popular denunció el hecho, pero su poca membresía, su aislamiento y tácticas férreas le impedían encabezar la oposición antibatistiana. La FEU sí trató con energía de impedir la violación legal a la carta magna, sin que pudiese hacer más que demostraciones enérgicas de rechazo al nuevo batistato.

Donde la indignación y los deseos de luchar se potenciaron grandemente fue en el seno de la Juventud Ortodoxa. Sus integrantes comprendieron con celeridad que una radical transformación de la vida nacional implicaba el rompimiento con los métodos de la política tradicional, la supresión de cualquier forma de dependencia de Estados Unidos y el despliegue de «fórmulas nuevas» —bella expresión de José Martí— para la lucha. Ya presente en Antonio Guiteras, la idea de una insurrección armada contra la dictadura que se iniciaba se convertía en la vía idónea para una real y efectiva reestructuración socioeconómica de la Perla de las Antillas.

Dictadura de Batista y lucha insurreccional

Así, ante la pasividad de los políticos tradicionales frente a la dictadura, se alzó desde muy temprano la alternativa de la lucha armada para derrocar el régimen batistiano e impulsar una solución radical a los grandes problemas de la sociedad cubana. En definitiva, fue un abogado casi desconocido de veintiséis años, Fidel Castro, el encargado de iniciar la insurrección popular contra la dictadura. Con un nutrido grupo de jóvenes, casi todos trabajadores asalariados o desempleados de origen humilde —entre los que descollaba Abel Santamaría—, entrenados en forma clandestina, atacó el 26 de julio de 1953 las fortalezas de Bayamo y Santiago de Cuba, esta última considerada la segunda de la Isla.

Fracasado el asalto al cuartel Moncada, el centenar de hombres guiados personalmente por Fidel Castro debió retirarse. Con un pequeño grupo, el jefe revolucionario se replegó hacia la Sierra Maestra, mientras más de cincuenta asaltantes que fueron capturados, o que se entregaron, resultaron salvajemente asesinados por el Ejército. La presión de la opinión pública y la oportuna movilización de la prensa y las autoridades eclesiásticas salvó la vida al resto de los revolucionarios.

Desde el 21 de septiembre de 1953 fueron juzgados decenas de prisioneros, muchos de ellos sin vínculos con los sucesos del Moncada. Fidel Castro, condenado a quince años de prisión —su hermano Raúl sentenciado a trece años y los demás asaltantes a penas entre tres y diez años—, dio a conocer desde el reclusorio su famoso alegato de defensa titulado *La historia me absolverá*. Este documento, de objetivos democráticos, sociales y nacionalistas, se convirtió en la base para concretar un amplio frente antidictatorial. Las medidas propuestas incluían la expropiación de todos los bienes adquiridos fraudulentamente durante la dictadura y los gobiernos corruptos anteriores, una reforma agraria y la nacionalización de los monopolios norteamericanos que controlaban la electricidad y los teléfonos.

En mayo de 1955, Fidel Castro y sus compañeros salieron de la cárcel favorecidos por una amnistía dictada por el gobierno de Batista, luego de ser sometido a una gran presión popular y en un intento por legitimar la farsa electoral del año anterior. Antes de partir al exilio, obligado por el acoso gubernamental, Fidel Castro dejó organizado a sus seguidores en el Movimiento 26 de Julio (M-26-7). El *Manifiesto Número 1 del Movimiento 26 de Julio al Pueblo de Cuba*, dado a conocer en México en agosto de ese año, era un documento aún más radical que *La historia me absolverá*, aunque se basaba en los mismos puntos. El *Manifiesto* hacía un llamado sin ambages a la revolución y entre sus propuestas incluía la reforma agraria, reducción de impuestos, restablecimiento de derechos laborales, participación de obreros y empleados en ganancias de las empresas, industrialización del país, amplio programa de construcción de viviendas y rebaja de sus alquileres, nacionalización de servicios básicos, desarrollo de la educación y la cultura, reforma al sistema judicial y confiscación de bienes malversados.

El 25 de noviembre de 1956, ochenta y dos hombres decididos a reanudar la lucha armada contra la dictadura salieron de Tuxpan, México, en el yate *Granma*. La falta de sincronía con la sublevación de la ciudad de Santiago de Cuba —ocurrida dos días antes del desembarco bajo la dirección de Frank País— y la persecución gubernamental facilitaron la dispersión de los expedicionarios en el combate de Alegría de Pío, por lo que solo un puñado de ellos, encabezados por Fidel Castro, pudo alcanzar la Sierra Maestra. A pesar de los duros reveses y la exigua tropa, con la ayuda campesina y la incorporación de nuevos combatientes —apoyo vertebrado por Celia Sánchez—, la guerrilla poco a poco se consolidó. Como prueba de ello, el 17 de enero de 1957 los revolucionarios tomaron el pequeño cuartel de La Plata y el 28 de mayo, el Ejército Rebelde se anotó un triunfo significativo en el combate del Uvero, mientras en las áreas liberadas de la Sierra Maestra se iba organizando una sólida base de operaciones.

En forma paralela, otro movimiento armado opositor, el Directorio Revolucionario, constituido fundamentalmente por jóvenes estudiantes, fracasó al intentar la ejecución de Batista en el Palacio Presidencial el 13 de marzo de 1957, acción en la que, entre otros, murió su jefe, José Antonio Echeverría, presidente de la FEU. Más adelante, el Directorio Revolucionario 13 de Marzo fundó su propio frente guerrillero en el centro de la Isla, mientras otras organizaciones, como el PSP, también se incorporaban a la lucha frontal contra el régimen militar.

En la Sierra Maestra, después de la derrota de la ofensiva militar de la tiranía en la primavera de 1958 —desencadenada tras el fracaso de la huelga del 9 de abril—, el Ejército Rebelde decidió invadir el resto de la Isla, proceso iniciado desde meses atrás cuando la columna guiada por Raúl Castro se estableció en las zonas montañosas del norte de la provincia de Oriente. Las guerrillas comandadas por Camilo Cienfuegos abandonaron la Sierra Maestra con la intención de llegar al extremo occidental del país, mientras otro destacamento, a las órdenes del argentino Ernesto Che Guevara, se dirigía a las elevaciones del Escambray. Ambas vanguardias del Ejército Rebelde, tras recorrer pantanos y llanuras sorteando el hostigamiento enemigo, alcanzaron el centro de la isla a fines de 1958.

El punto culminante de la ofensiva revolucionaria se consiguió con la liberación de la ciudad de Santa Clara, capital de la provincia central, por la columna del Che Guevara, después de destruir un tren blindado enviado apresuradamente desde La Habana para contener a los rebeldes, así como por el sitio de Santiago de Cuba y Guantánamo por las fuerzas de Fidel y Raúl Castro, respectivamente. Estos acontecimientos precipitaron la huida de Batista el 1ro. de enero de 1959. En tales circunstancias, los planes fraguados por el alto mando militar en contubernio con la embajada norteamericana, para impedir el triunfo de las fuerzas revolucionarias, se esfumaron ante la paralización del país por una huelga general convocada por Fidel Castro.

5
Gobierno Revolucionario

El tránsito al socialismo

Al triunfo de la Revolución se constituyó un Gobierno Revolucionario presidido inicialmente por el magistrado Manuel Urrutia y en el cual Fidel Castro ocupó, desde el 13 de febrero de 1959, el cargo de primer ministro. En la alborada de la Revolución en el poder, en medio de una entusiasta movilización popular, fueron disueltos los órganos estatales y militares de la dictadura, juzgados los criminales de guerra y adoptadas medidas de amplio beneficio social, entre ellas, la rebaja de de las tarifas telefónicas y de un 50% de los alquileres de casas y apartamentos, a la vez que se impulsaba el consumo de productos nacionales y la construcción de viviendas populares.

Las numerosas propiedades de Batista y sus allegados fueron expropiadas. Con los talleres de un diario confiscado se creó la Imprenta Nacional de Cuba, dedicada a la edición de libros baratos. Se abrieron al pueblo las playas exclusivas y se destinaron amplios recursos a la salud pública y la educación, mientras muchos cuarteles del antiguo Ejército eran convertidos paulatinamente en escuelas públicas. Como resultado de muchas de estas y otras disposiciones, en los primeros ocho meses de 1959 el poder adquisitivo de la población se incrementó sustancialmente. A ello, contribuyó el buen desempeño de la economía, pues las tasas de crecimiento de los dos primeros años de Gobierno Revolucionario fueron del 10% y la producción azucarera de 1959, 1960 y 1961 promedió 6,2 millones de toneladas, muy por encima del 5,4 millones de toneladas que como término medio tuvieron las cosechas de 1950 a 1958.

Sin duda, la medida más trascendente de esos primeros meses de 1959 fue la Ley de Reforma Agraria, dictada el 17 de mayo, que benefició a cientos de miles de familias campesinas y que fijó un máximo de treinta caballerías, o sea, 402 hectáreas, a la posesión individual de la tierra; aunque este límite podía llegar hasta cien caballerías en áreas de altos rendimientos. Los dueños serían indemnizados con bonos de la República, sobre la base del valor de la propiedad declarado al fisco antes de la expropiación. Además, fue creado el Instituto Nacional de Reforma Agraria (INRA), dirigido por Fidel Castro. Ya en noviembre de 1959 resultaron expropiados los grandes latifundios ganaderos, aunque los dedicados a la caña de azúcar no lo fueron hasta que concluyó la zafra de 1960.

La promulgación de la Ley de Reforma Agraria desencadenó las contradicciones clasistas en la sociedad cubana y aumentó el entonces naciente enfrentamiento con el gobierno de Estados Unidos, deslindando los campos entre partidarios y enemigos de la radicalización de la Revolución. Durante los meses de junio y julio se produjo en consecuencia la salida del gobierno del presidente Urrutia —sustituido por Osvaldo Dorticós— y varios de sus ministros, todos representantes de las posiciones de la derecha, casi al mismo tiempo que se producían algunas traiciones en la esfera militar.

Como parte de este mismo proceso, la política de Estados Unidos hacia Cuba pasó con celeridad de los intentos de desviar el curso de las medidas revolucionarias a una agresión frontal y despiadada. Prueba de ello es que en octubre de 1959 la Agencia Central de Inteligencia (CIA) comenzó a considerar un plan subversivo integral contra el gobierno cubano, que fue presentado en enero del siguiente año al Consejo de Seguridad Nacional de Estados Unidos. A continuación, proliferaron grupos contrarrevolucionarios a partir de elementos procedentes de las asociaciones católicas y los partidos tradicionales.

Fue en ese clima, caracterizado por el crecimiento de los sabotajes, los ataques armados procedentes de Estados Unidos y las defecciones, que el 26 de octubre de 1959 se comenzaron a organizar milicias armadas entre la población cubana. También, dos días después se restablecieron los tribunales revolucionarios, que habían dejado de funcionar desde principios de año, mientras el 20 de noviembre se ponía en vigor la Ley Procesal mambisa de 1896, que incluía la pena capital y la confiscación de los bienes de los condenados.

Este proceso vino acompañado del fortalecimiento del Estado en la economía, con la creación, en marzo y abril de 1960, de la Junta Central de Planificación (JUCEPLAN) y del Banco para el Comercio Exterior de Cuba. Además, al concluir la zafra se aceleraron las expropiaciones de los grandes latifundios, entre ellos los de la United Fruit Company. Al mes siguiente, debido al conflicto abierto entre los trabajadores que defendían la Revolución y la patronal, o por la emigración definitiva de sus dueños, fueron confiscados también los principales periódicos y televisoras opositores.

Otro síntoma de la creciente radicalización del gobierno cubano fue la visita a La Habana a principios de febrero de 1960 del viceprimer ministro de la Unión Soviética Anastas Mikoyan, con el propósito de inaugurar una exposición soviética que ya se había presentado en México y Estados Unidos. Desde mediados de octubre de 1959 se venían produciendo muy subrepticiamente las primeras reuniones con un enviado informal soviético. Al término de la estancia en Cuba del alto dirigente de la URSS se firmó el primer convenio comercial con Moscú. El 8 de mayo de ese año fueron restablecidas las relaciones diplomáticas entre los dos países.

A partir de ese momento se incrementaron notablemente, con la complicidad de la burguesía, los terratenientes y otros sectores cubanos adinerados, las actividades subversivas promovidas por la descarnada intromisión estadounidense. El 4 de marzo de 1960 explotó en el puerto de La Habana el vapor francés *La Coubre*, cargado con armas y municiones adquiridas por el Gobierno Revolucionario en Bélgica, con un saldo de setenta y cinco muertos y más de dos centenares de heridos. Este despiadado sabotaje casi coincidió con la orden de Estados Unidos para entrenar en la América Central a exiliados cubanos para invadir la Isla. Dos meses después, la Revolución comenzó a sentir los embates de la campaña anticomunista de la jerarquía católica y del numeroso clero español radicado en Cuba, de ideología falangista.

Los sabotajes a la industria azucarera y otros sectores clave de la economía, el alzamiento de bandas armadas contrarrevolucionarias y los atentados terroristas se volvieron fenómenos cotidianos, a la vez que Estados Unidos se encaminaba a desestabilizar el Gobierno Revolucionario por diferentes vías, entre ellas la amenaza de cortar el suministro de combustible. La negativa de las refinerías extranjeras a procesar petróleo soviético, adquirido por Cuba tras la firma del primer convenio comercial con la Unión Soviética, obligó al Gobierno Revolucionario a expropiar esos consorcios el 28 de junio de 1960. En represalia, Estados Unidos suprimió unos días después la cuota azucarera cubana con el propósito de arruinar al país al dejarlo sin su principal mercado, lo que trajo aparejado en respuesta la nacionalización, entre el 6 de agosto y el 24 de octubre de ese mismo año, de todos los intereses de ese país, que incluían bancos, grandes fábricas, minas, empresas de teléfonos, electricidad, ferrocarriles y otros.

Estas medidas se complementaron, el 13 de octubre, con la expropiación de otros grandes consorcios extranjeros y de los principales bienes de la burguesía cubana, situada abiertamente al lado de la contrarrevolución y de Estados Unidos —que el 19 de octubre prohibió el comercio con la Isla—, y que situó en manos del Estado a todas las empresas nacionales y foráneas con más de veinticinco trabajadores. Casi simultáneamente, el Gobierno Revolucionario promulgó la Ley de Reforma Urbana, que posibilitó que las casas y apartamentos arrendados pasaran a ser propiedad de sus ocupantes.

El acoso norteamericano también se expresó en la arena internacional con la utilización de la Organización de Estados Americanos (OEA). En respuesta a los acuerdos anticubanos de la Reunión de Cancilleres celebrada en Costa Rica, Cuba adoptó el 2 de septiembre de 1960, en una multitudinaria concentración de masas, la I Declaración de La Habana. En ese mismo acto se anunció el establecimiento de relaciones diplomáticas con la República Popular China.

En los primeros meses de 1961, con el propósito de administrar la muy engrosada área estatal de la economía, aparecieron nuevos ministerios, instituciones y empresas, a la vez que otros organismos desaparecían. A ellos correspondió la difícil tarea de rediseñar toda la economía y el comercio exterior de Cuba, habituada a traer fácilmente sus importaciones de Estados Unidos. Ahora las mercancías tendrían que llegar desde muy lejos y en grandes embarcaciones. Además, había que readaptar la industria a las materias primas y repuestos soviéticos que debían sustituir a los norteamericanos. Desde 1961, la URSS pasó a ocupar el primer lugar en el comercio exterior de la Isla (más del 45%).

La primera etapa de la Revolución, cargada de acontecimientos y de una vertiginosa radicalización ideológica, vino acompañada de la aparición en 1960 de nuevas organizaciones revolucionarias como la Asociación de Jóvenes Rebeldes (AJR), la Federación de Mujeres Cubanas (FMC), los Comités de Defensa de la Revolución (CDR) y, en 1961, de la Asociación Nacional de Agricultores Pequeños (ANAP). Como parte del mismo proceso, en septiembre de 1960 fue creado el Buró de Coordinación de Actividades Revolucionarias, encargado, como su nombre indica, de coordinar las labores del M-26-7, el Directorio Revolucionario 13 de Marzo y el PSP.

En el ínterin, el conflicto con Estados Unidos continuaba agravándose, como demostró la ruptura de las relaciones diplomáticas el 3 de enero de 1961 y el envío contra Cuba de una fuerza militar de exiliados cubanos, organizada y entrenada por la CIA en Guatemala y Nicaragua. La invasión comenzó con el bombardeo de tres aeropuertos cubanos, el 15 de abril, por aviones procedentes de Centroamérica, que provocaron siete muertos y medio centenar de heridos. En el entierro de las víctimas, Fidel Castro proclamó el carácter socialista de la Revolución.

Dos días después, la Brigada 2506, integrada mayoritariamente por ex militares batistianos y jóvenes de la burguesía, desembarcaba por Playa Larga y Playa Girón en la bahía de Cochinos, pero fue derrotada en menos de setenta y dos horas por las milicias y el Ejército Rebelde. La derrota de Playa Girón desarticuló la contrarrevolución interna, pues muchos de sus integrantes fueron arrestados y otros, desalentados, se marcharon del país. Como colofón, se recrudecieron los enfrentamientos con la Iglesia católica y fueron expulsados varios centenares de sacerdotes y religiosas, en su mayoría extranjeros.

En medio de estos intensos conflictos y enfrentamientos se desarrolló una masiva campaña de alfabetización, que arrojó resultados espectaculares al conseguir enseñar a leer y escribir a

707 000 personas en pocos meses, lo que redujo el analfabetismo en la Isla a solo el 3,9% de la población, el índice más bajo de América Latina. Además, el 6 de junio de 1961, fue prohibida la educación privada y expropiados todos los colegios y escuelas particulares, fueran laicos o religiosos.

La construcción del Estado socialista

La característica principal del período abierto tras la victoria de Playa Girón fue la edificación del Estado socialista y la defensa de la Revolución frente a la subversión provocada por Estados Unidos, las continuas agresiones paramilitares desde el exterior y los efectos del bloqueo económico y comercial, que se hizo absoluto desde febrero de 1962. También Cuba fue sometida al aislamiento diplomático tras su expulsión en enero de ese año de la OEA, con la complicidad de los gobiernos latinoamericanos de entonces y la solitaria oposición de México, lo que provocó que, en réplica a esos acuerdos, se aprobara en una gran concentración de pueblo en la Plaza de la Revolución la II Declaración de La Habana.

En esa coyuntura, el gobierno de Estados Unidos elaboró la llamada Operación Mangosta, dirigida a provocar un alzamiento contrarrevolucionario que diera el pretexto para su intervención militar directa. Las acciones terroristas y sabotajes de gran envergadura organizados por la CIA contra instalaciones industriales cubanas produjeron la muerte de muchas personas y cientos de millones de pesos en pérdidas. Pero la Operación Mangosta fue interrumpida abruptamente por efecto colateral de la Crisis de Octubre, que puso al mundo al borde de un conflicto atómico.

Esta crisis, la más peligrosa en toda la historia de la Guerra Fría entre Estados Unidos y la Unión Soviética, estuvo originada por la instalación en Cuba de misiles balísticos soviéticos de alcance medio, amparada por un tratado firmado secretamente en agosto de 1962 entre La Habana y Moscú, con el propósito de desestimular una intervención militar directa contra la Isla. Detectados los emplazamientos por los servicios de inteligencia norteamericanos, dio lugar a que el 22 de octubre el presidente John F. Kennedy exigiera la inmediata salida de esas armas y dispusiera el bloqueo naval a Cuba, lo que abrió la posibilidad de una conflagración nuclear, evitada una semana después por la decisión unilateral soviética de retirar los cohetes. El Gobierno Revolucionario, en desacuerdo con estas negociaciones a sus espaldas, no aceptó la inspección de su territorio. Por ello, la Crisis de Octubre dejó entre sus secuelas el primer distanciamiento cubano-soviético y la promesa verbal norteamericana de no agredir militarmente a la Isla.

En los años que siguieron a la Crisis de Octubre fueron desarticuladas las últimas organizaciones contrarrevolucionarias en suelo cubano. Casi al mismo tiempo, eran aniquiladas definitivamente las bandas de alzados contra el Gobierno Revolucionario, armadas y financiadas por Estados Unidos. Por esta época, la guerra secreta que Estados Unidos desarrollaba contra Cuba disminuyó su intensidad ante la ostensible estabilidad cubana y el amplio respaldo internacional a la Revolución, fundamentalmente de los países socialistas y de naciones integrantes del Movimiento de Países No Alineados, junto a los problemas que trajo para el gobierno de Washington la guerra de Vietnam.

En medio de tales acontecimientos se había ido produciendo la fusión de las organizaciones revolucionarias. El Movimiento 26 de Julio, el Directorio Revolucionario 13 de Marzo y el Partido

Socialista Popular se unieron desde mayo de 1961 en las Organizaciones Revolucionarias Integradas (ORI). La mayor capacidad organizativa de los militantes del PSP, combinada con la creciente alianza con la Unión Soviética y la adopción del socialismo, llevó a que algunos experimentados dirigentes de ese Partido adquirieran en las ORI y en ciertas instituciones y organismos una influencia desproporcionada en relación con su contribución al triunfo de la Revolución.

A ello también contribuyó la política sectaria del secretario de organización de las ORI, Aníbal Escalante, quien fue entregando la dirección de importantes puestos administrativos y políticos a antiguos miembros del PSP, lo que terminó por provocar su destitución por Fidel Castro en marzo de 1962. Se abrió entonces una amplia reestructuración de las ORI para eliminar las huellas del sectarismo, creándose en su lugar, en mayo de 1963, el Partido Unido de la Revolución Socialista de Cuba (PURSC). Ya para entonces, la Asociación de Jóvenes Rebeldes se había convertido en Unión de Jóvenes Comunistas (UJC).

El proceso de integración de las organizaciones revolucionarias no estuvo exento de dificultades e incomprensiones, como la que ya se había producido entre los intelectuales a mediados de 1961, que obligó al comandante Fidel Castro a realizar una amplia reunión con artistas y dirigentes de instituciones de la cultura en la Biblioteca Nacional. En un discurso unitario, el primer ministro estableció la política de «dentro de la Revolución todo, contra la Revolución, nada».[1] Poco después, en agosto de ese mismo año, se fundó la Unión de Escritores y Artistas de Cuba (UNEAC), presidida por el poeta Nicolás Guillén.

---

[1]   Citado por María del Pilar Díaz Castañón: *Ideología y revolución: Cuba, 1959-1962*, La Habana, Editorial de Ciencias Sociales, 2001, p. 203.

A esta altura, buena parte de la economía nacional estaba en manos del Estado, pues en junio de 1962 habían sido expropiadas todas las industrias y las grandes peleterías, tiendas de ropa y ferreterías, así como el 70% de la agricultura; y en octubre de 1963 se promulgó una segunda Ley de Reforma Agraria que redujo a sesenta y siete hectáreas el límite máximo de tierra en manos privadas. La ampliación del área estatal de la economía vino acompañada de un cierto decrecimiento de la productividad industrial y agrícola, lo que combinado con los efectos del bloqueo, las masivas movilizaciones militares y, sobre todo, el extraordinario aumento del poder adquisitivo de la población, llevaron al desabastecimiento de muchos productos. Para frenar la especulación fue necesario congelar los precios y, en marzo de 1962, establecer un riguroso racionamiento de la mayoría de los artículos de primera necesidad.

También el racionamiento era resultado indirecto de la decisión de lograr el desarrollo económico del país mediante una rápida industrialización, al considerar que la enorme dependencia del azúcar era causa del subdesarrollo. En la adopción de dicha política no solo influía la corriente desarrollista que imperaba entonces en el pensamiento económico latinoamericano, sino también la necesidad de lograr en poco tiempo la autosuficiencia industrial como estrategia de supervivencia de la Revolución. Para alcanzar la meta se crearon nuevas instituciones estatales y se diseñó un ambicioso plan de desarrollo (1962-1965) con ayuda de la Unión Soviética, China y otros países socialistas.

El plan desarrollista no dio los resultados esperados y, en cambio, trajo por consecuencia la caída de la producción azucarera, que en 1963 —la zafra fue de solo 3,8 millones de toneladas— se redujo a casi la mitad de lo alcanzado en 1961, dejando como secuela una marcada caída en la capacidad importadora del país, ya afectada sensiblemente por la compra de maquinarias y materias primas para la industria en expansión. Ello obligó, en junio de 1963, a poner en práctica una nueva estrategia que volvía a hacer hincapié en la producción azucarera. El plan de inversiones para la industria ya fue en 1964 un 18% menor que el del año anterior. Para reforzar la tendencia, en enero de 1964 Cuba y la URSS firmaron el primer tratado a largo plazo —hasta 1970— que garantizaba precios estables y un mercado creciente para el azúcar.

Búsqueda del modelo cubano de socialismo

Al mismo tiempo, se desarrollaron debates públicos sobre el sistema de dirección económico más conveniente para el país y discusiones sobre los estímulos morales o materiales. La polémica fue abierta por el comandante Che Guevara, entonces ministro de Industrias, quien se oponía a los partidarios del cálculo económico que, basándose en la experiencia soviética y de otros países socialistas europeos, proponían un sistema que diera cierta autonomía a las empresas y se apoyara en los incentivos materiales para aumentar la productividad.

Guevara se inclinaba por la adopción de un sistema presupuestario de financiamiento, era muy crítico de la experiencia de Europa Oriental y la URSS que pretendía construir el socialismo con lo que él calificaba de las armas melladas del capitalismo. Pero el Che no pudo seguir abogando por estas tesis, pues dejó su puesto como ministro en 1965 para consagrarse a la lucha revolucionaria por la liberación de otros pueblos y murió asesinado por el Ejército de Bolivia en octubre de 1967. No obstante, sus propuestas terminaron por prevalecer, aunque en su ejecución muchas de ellas fueron llevadas al extremo.

De esta manera, fueron abandonados los medios de planificación y control centrales, junto al menosprecio por la contabi-
lidad, la inspección financiera y los estímulos materiales, con la
aspiración de eliminar completamente las relaciones monetario-
mercantiles. La baja de la productividad, que muchas de tales
medidas trajeron aparejada, obligó entonces a movilizaciones
masivas de trabajadores voluntarios, en particular para los ago-
tadores trabajos de la agricultura, como fueron el gigantesco plan
de siembra del Cordón de La Habana, desarrollado entre 1967 y
1968, y la zafra de 1970, para la que fue necesaria la participación
de más de un millón de personas.

Como parte de la aspiración de desarrollar un modelo cubano
de socialismo, en marzo de 1968 se llevó a cabo la denominada
ofensiva revolucionaria, que confiscó todos los pequeños esta-
blecimientos de diferente tipo, unos cincuenta y ocho mil, que
representaban el 75% del comercio minorista —restaurantes,
bares, talleres de reparaciones y de artesanías, puestos callejeros
de venta de alimentos—, quedando solo en el sector privado un
30% de la agricultura y una muy reducida parte del transporte
automotor. El trabajo por cuenta propia fue casi eliminado.

La baja productividad y las indisciplinas laborales, que
muchas de las disposiciones igualitaristas propiciaron, no fue
posible paliarlas con las movilizaciones masivas de trabajadores
y estudiantes voluntarios, por lo que en ocasiones hubo que recu-
rrir a otras formas. También desde noviembre de 1968 comenzaron a funcionar en modernos y confortables edificios construidos
especialmente, escuelas secundarias en el campo donde se combi-
naba el estudio con jornadas de trabajo manual, así como se gene-
ralizaron las movilizaciones temporales de estudiantes urbanos
para laborar en la agricultura.

Otra manifestación de la línea dirigida a la construcción de un modelo diferente de socialismo fue, por ejemplo, la vertebración, en agosto de 1966, del Movimiento de Avanzada, que en la práctica reemplazó a la Central de Trabajadores de Cuba-Revolucionaria (CTC-R). Algo parecido sucedió con otras organizaciones de masas, como la FEU y la Unión de Estudiantes Secundarios (UES), cuyas principales actividades fueron asumidas por la UJC.

Este proceso estuvo precedido por la creación del Comité Central del Partido Comunista de Cuba, encabezado por un Buró Político conformado por los líderes históricos de la lucha armada contra Batista, dado a conocer en octubre de 1965. Fue en dicho contexto, a fines de 1967, que se reveló la existencia de un reducido grupo opositor en el propio seno del Partido Comunista cubano, encabezado por Aníbal Escalante, quien había regresado de su obligada estancia en Europa Oriental. Los pocos miembros de lo que se llamó la «microfracción», en su mayoría antiguos militantes del PSP, fueron arrestados por breve tiempo a principios de 1968.

Paralelamente cobraban gran impulso el cine, la literatura, las ciencias sociales, la música, el ballet e incluso las artes plásticas —por ejemplo se inauguró en La Habana el vanguardista Salón de Mayo, en 1967—, difundiéndose diversas corrientes marxistas, incluidas las dominantes entonces en Europa Occidental, muy en particular en la revista *Pensamiento Crítico* de la Universidad de La Habana. En ese ambiente se celebró en la capital de la Isla, en enero de 1968, un congreso internacional de cultura con más de quinientos delegados.

El proceso coincidió con un paulatino distanciamiento cubano de algunos aspectos de la política exterior de la Unión Soviética, que alcanzó su punto culminante hacia fines de 1967 y principios de 1968, de la que se disentía discretamente por su timorata posición en el conflicto bélico de Vietnam, cuando arreciaba la guerra con Estados Unidos, y por la incomprensión de Moscú hacia el movimiento guerrillero que estremecía América Latina. La búsqueda de un modelo propio de socialismo vino acompañado de discrepancias con la política exterior de la URSS, lo que también se expresó en la constructiva y unitaria postura adoptada por Cuba en relación a la disputa chino-soviética.

Hay que tener presente que desde principios de los años sesenta Cuba apoyaba los movimientos revolucionarios armados en América Latina. Esa política había sido proclamada abiertamente en la declaración de Santiago de Cuba, el 26 de julio de 1964, donde se advertía que el gobierno cubano se consideraba en el derecho de apoyar al movimiento revolucionario en aquellos países que intervinieran en planes armados y agresiones contra la Revolución. En ese entramado se dio a conocer en La Habana, en abril de 1967, el mensaje del Che a los pueblos del mundo a través de la revista *Tricontinental* que llamaba a extender la lucha revolucionaria y a crear nuevos Vietnam.

En tales condiciones, el comercio cubano con otros países socialistas se redujo y se incrementaron las transacciones con algunas naciones de Europa Occidental. España, por ejemplo, pasó a ser en 1966 el tercer proveedor de Cuba. Al mismo tiempo, con el propósito de cumplir las crecientes necesidades nacionales y los compromisos financieros del país, fue diseñado un ambicioso plan dirigido a alcanzar en 1970 una zafra de 10 millones de toneladas de azúcar. El fracaso de esta estrategia —aunque se alcanzó una cosecha récord de 8,5 millones de toneladas—, unido a los cambios que tenían lugar en la esfera internacional —gobierno de Velasco Alvarado en Perú, triunfo de la Unidad Popular en Chile, fin de la guerra de Vietnam, etcétera—, junto a otros factores, condujo a un cambio sustancial en la política económica cubana.

6
De la institucionalización al período especial

La institucionalización de la Revolución

A partir de los años setenta, en medio de una disminución de las tensiones con Estados Unidos —que no fue óbice para que la contrarrevolución asentada en ese país explotara en pleno vuelo un avión cubano de pasajeros con setenta y tres personas a bordo en octubre de 1976— y aunque las amenazas contra Cuba continuaron, el país pudo consagrarse a la creación de nuevas instituciones y al desarrollo económico. Los vínculos con la Unión Soviética se ampliaron significativamente para paliar los efectos del permanente bloqueo estadounidense, a la vez que se adoptó un nuevo sistema de dirección de la economía —a partir de las discusiones del XIII Congreso Obrero en noviembre de 1973—, lo que permitió un ritmo de desarrollo verdaderamente notable. A la par, Cuba aumentó la asistencia técnica que se brindaba desde principios de la Revolución a numerosos países y envió contingentes militares a Etiopía y Angola, a pedido de sus respectivos gobiernos, para enfrentar invasiones extranjeras.

Este período comenzó con el paulatino abandono de la línea abierta en la segunda mitad de la década anterior, adoptándose muchos elementos del modelo socialista soviético. La recuperación económica, que las nuevas disposiciones trajeron aparejadas, se vio favorecida en sus inicios por una sensible alza en los precios del azúcar, pues en los mercados internacionales la cotización pasó de 3,68 centavos en 1970 a 29,60 centavos en 1974. Además, en diciembre de 1972 se firmó un importante acuerdo con la URSS, que aplazó hasta 1986 el pago de los intereses y el principal sobre todos los créditos entregados a Cuba antes de 1973, aunque luego se prolongaron hasta el siglo siguiente. Ello hizo que el intercambio con la URSS llegara en los años ochenta a representar más del 60% de todo el comercio exterior de la isla. Como resultado la economía prosperó a un ritmo extraordinario.

En poco tiempo se restableció la planificación central y un presupuesto general, a la vez que se diseñaba el primer plan quinquenal (1976-1980). También se incluyó como parte de este proceso la adopción de estímulos materiales para elevar la productividad, la autorización de actividades por cuenta propia, la compraventa y alquileres de casas, la apertura de mercados campesinos y artesanales, etcétera. Desde fines de los setenta y, sobre todo, en la primera mitad de los ochenta, los casi diez millones de habitantes de la Isla fueron elevando sustancialmente los índices de su nivel de vida: no había prácticamente desempleo, una dieta sana y equilibrada para toda la población cubana, mientras el 85% de las viviendas estaban electrificadas, el 91% de ellas tenía televisión, el 50% refrigeradores, el 59% lavadoras y un 69% ventiladores. Además, se fueron mecanizando las duras tareas del corte de la caña de azúcar, que todavía en 1970 era de apenas del 2% de la cosecha y que pasó al 63% en 1988.

El notable crecimiento económico vino acompañado de una amplia reproducción del modelo soviético de socialismo en muchas esferas de la vida del país, incluida sus negativas secuelas de dogmatismo e intolerancia, que alguien calificara de «quinquenio gris»,[1] en alusión a algunas de las consecuencias

---

[1]   Ambrosio Fornet: «El quinquenio gris, revisitando el término», conferencia en Casa de las Américas el 30 de enero de 2007.

del fenómeno en el quehacer intelectual —a partir de la celebración en 1971 del I Congreso Nacional de Educación y Cultura— y que se consideró superado con la creación en 1976 del Ministerio de Cultura.

En particular, la institucionalización de la Revolución se inició a partir del Primer Congreso del Partido Comunista de Cuba, celebrado en diciembre de 1975. Después de la aprobación por el voto popular masivo —95,7% del electorado—, en un referéndum celebrado el 15 de febrero de 1976, fue puesta en vigor una nueva Constitución de carácter socialista. En forma relacionada, el 5 de julio de 1976 se adoptó una nueva división político-administrativa —la Isla pasó de seis a catorce provincias— y fueron elegidos representantes a los gobiernos municipal, provincial y nacional por primera vez desde el triunfo de la Revolución. La culminación del proceso de institucionalización se alcanzó con la inauguración, el 2 de diciembre de 1976, de la Asamblea Nacional, donde Fidel Castro resultó elegido presidente del Consejo de Estado y de Ministros, posición para la cual fue ratificado en elecciones posteriores hasta la del 2003.

El férreo bloqueo norteamericano fue fugazmente atenuado durante el gobierno de James Carter, iniciado en 1977, aunque en realidad los primeros pasos en esta dirección se habían iniciado en las postrimerías de la administración de su antecesor Gerald Ford, quien autorizó ciertas modificaciones, entre otras, que empresas subsidiarias de Estados Unidos en terceros países hicieran negocios con la Isla. En marzo de 1977 se levantó la prohibición para que ciudadanos norteamericanos viajaran a Cuba, en abril fue firmado un convenio pesquero entre los dos países y en junio se acordó la apertura de oficinas de intereses en Washington y La Habana. Con anterioridad, en febrero de 1973, se había logrado un acuerdo para impedir los secuestros de aviones, el que Cuba abandonó por la mencionada voladura del avión en Barbados. En julio de 1975, Estados Unidos votó en la OEA por el levantamiento de ciertas sanciones contra la Isla. En tal contexto, Cuba logró restablecer relaciones diplomáticas con la mayoría de las naciones del continente y se celebró en La Habana en 1979 una importante reunión cumbre del Movimiento de Países No Alineados.

Como parte de la limitada distensión entre La Habana y Washington, el gobierno cubano puso en libertad a más de tres mil presos contrarrevolucionarios, reduciéndose la población penal de este tipo a unos pocos centenares de terroristas, de los cuales en 1987 solo quedaban en las cárceles apenas varias decenas. No obstante, la tendencia a la normalización de relaciones con Estados Unidos se vio limitada por el tema de los derechos humanos, los vínculos de Cuba con la URSS y el apoyo de la Revolución a los gobiernos de Etiopía y Angola. También se convertían en impedimenta el respaldo cubano a la Revolución sandinista en Nicaragua, al gobierno de Maurice Bishop en la diminuta isla de Granada y a las guerrillas de El Salvador y Guatemala.

Entre los acontecimientos más significativos de aquellos años figuran el inicio de las conversaciones del gobierno cubano con la emigración de Miami en noviembre de 1978 —que permitieron las primeras visitas masivas de familiares procedentes de Estados Unidos— y los sucesos de la embajada del Perú —ocupada en abril de 1980 por cientos de personas que deseaban abandonar el país—. En respuesta, se dispuso la apertura del puerto de Mariel, por donde se embarcaron hacia la Florida más de ciento veinte mil pasajeros en unas pocas semanas. La salida de emigrantes, decretada en forma unilateral por Cuba, puso otra vez en jaque las relaciones con Estados Unidos. Los resultados fueron los acuerdos de 1984 para reabrir la entrada legal, que llevó a Estados Unidos hasta 1990 poco más de siete mil personas, mientras las travesías ilegales llegaron a los niveles más bajos de todo el período revolucionario.

El recrudecimiento de las amenazas de agresión con el arribo a la Casa Blanca de Ronald Reagan, que puso fin a la efímera y relativa distensión en las relaciones con Estados Unidos, obligaron al gobierno cubano desde 1981 a destinar cuantiosos recursos a la defensa del país y a organizar las Milicias de Tropas Territoriales (MTT), como parte de la aplicación de una nueva doctrina militar defensiva denominada Guerra de Todo el Pueblo. A pesar de la redoblada hostilidad, manifestada en grandes maniobras del Ejército de Estados Unidos en el entorno de Cuba, en la práctica, en el período de los gobiernos republicanos extendido de 1980 a 1992, las agresiones contrarrevolucionarias disminuyeron, aunque se efectuaron algunas acciones contra las costas cubanas y atentados terroristas.

Rectificación

A mediados de los años ochenta, sin embargo, la economía de Cuba presentó algunos síntomas preocupantes, casi al mismo tiempo que se empezaban a complicar las relaciones con la URSS como resultado de la *perestroika* propugnada por el nuevo líder soviético Mijail Gorbachov. En 1987, las importaciones procedentes del área capitalista se redujeron a la mitad, mientras el crecimiento económico registraba cifras negativas (-3,5%), lo que no había ocurrido en más de quince años. Por añadidura, el índice de mortalidad infantil había aumentado, mientras la tasa de desempleo llegaba al 6%, algo sin precedentes desde el triunfo de la Revolución.

Algunas de las causas estaban en el creciente deterioro de las condiciones económicas internacionales, la sustancial disminución de los beneficios procedentes de las ventas al exterior y el aumento del déficit comercial, junto a las persistentes exigencias de los acreedores —en 1986, Cuba suspendió por primera vez el pago de su deuda externa con más de cien bancos internacionales—, lo que se combinó con la imposibilidad de obtener nuevos créditos y financiamiento de los países socialistas y de la URSS, lo que se derivaba de la nueva política de Gorbachov, a pesar de los compromisos económicos que hiciera con el gobierno cubano y que se mantuvieron hasta poco después de su visita a la Isla en abril de 1989.

La fórmula para enfrentar dichos problemas se dio a conocer en abril de 1986 durante las sesiones del Tercer Congreso del Partido Comunista de Cuba, y consistió en el denominado proceso de rectificación de errores y tendencias negativas, enfilado a desmontar parte del sistema de dirección de la economía —los mercados campesinos fueron clausurados, fue prohibida la compraventa de viviendas y limitado el trabajo por cuenta propia— y otros mecanismos basados en los estímulos materiales que se habían copiado de la URSS. Fue criticada la desmedida apelación al interés material individual, el crecimiento de la burocracia, el análisis tecnocrático de los problemas de la economía y la sociedad, el despilfarro de recursos, el descontrol estatal y la corrupción.

Para salir al paso a estas desviaciones también se decidió volver a impulsar el trabajo voluntario y otras ideas del Che, recuperar las *microbrigadas* —creadas a partir de 1971 con trabajadores de los propios centros productivos y de servicios y dedicadas a la construcción de viviendas— para las obras sociales redimensionadas: hospitales, guarderías infantiles y escuelas especiales. Además, fueron eliminadas gratuidades y se elevó el salario a los sectores de menores ingresos, a contrapelo de la sensible reducción de los ingresos en divisas: un 40% solo de 1985 a 1986. A pesar de tales medidas, en 1986, 1988 y 1989 el incremento de la economía fue muy modesto e incluso volvió a ser negativo en 1987 y 1990.

Fue en tal atmósfera que se produjo uno de los problemas más serios que debió enfrentar la Revolución: el arresto y posterior enjuiciamiento, a mediados de junio de 1989, de varios altos oficiales de las Fuerzas Armadas Revolucionarias y el Ministerio del Interior, cuatro de los cuales fueron condenados a muerte y fusilados en julio de 1989, al ser declarados culpables de corrupción y tráfico de drogas. La rápida y decidida actuación del gobierno cubano en este caso no solo tuvo que ver con un problema ético y de principios, sino también ante la posibilidad de que esos vínculos con el mercado internacional de estupefacientes expusieran a Cuba a una eventual invasión estadounidense, similar a la que unos meses después se lanzara contra Panamá, utilizando el pretexto de la lucha contra el narcotráfico.

El período especial

La desaparición del socialismo en Europa Oriental (1989-1990) y la desintegración de la Unión Soviética (1991), junto con el reforzamiento del bloqueo económico norteamericano, puso a la Revolución en la coyuntura más difícil de toda su historia. La profunda e inesperada crisis económica estaba motivada por la pérdida simultánea de mercados, precios y créditos: la capacidad de importación de Cuba cayó abruptamente de casi ocho mil millones de dólares anuales a menos de dos mil, mientras el Producto Interno Bruto (PIB) bajó en un 40%.

Para paliar la terrible situación, el gobierno decidió implantar un plan para el período especial, diseñado originalmente para tiempos de guerra, y el cual, entre otros aspectos, se propuso distribuir equitativamente los exiguos recursos existentes. A la vez, se cerraron fábricas, empresas estatales y otros centros productivos y de servicios —incluidas rutas de transportes— para los que no había ni las materias primas, ni los portadores energéticos indispensables, que en su mayoría se importaban de Europa Oriental. Así, en un período de menos de cuatro décadas, Cuba debió reorientar su economía de golpe, y de manera radical, dos veces. Al desaparecer abruptamente el entorno donde Cuba se había insertado desde los años sesenta, se debieron variar drásticamente todos los vínculos externos y, en gran medida también el sistema económico, ante el dramático dilema de conservar las conquistas sociales conseguidas por la Revolución o rendirse al asedio norteamericano.

El bloqueo de Estados Unidos a Cuba fue redoblado por la Ley Torricelli —aprobada en octubre de 1992 y que, entre otras medidas punitivas, establecía la eliminación de las autorizaciones a empresas norteamericanas radicadas en terceros países para negociar con la Isla— y la Ley Helms-Burton, que, puesta en vigor en febrero de 1996, abrió la posibilidad de sancionar por los tribunales de Estados Unidos a empresas de terceros países que tuvieran negocios con Cuba.

En medio de tan inesperada situación, se reunió el Cuarto Congreso del Partido Comunista de Cuba en octubre de 1991 que transformó sustancialmente el equipo dirigente, aceptó el ingreso de religiosos en sus filas, propuso una reforma constitucional que incluyera la elección directa de los diputados; ratificó el unipartidismo; y fundamentó la necesidad de las empresas mixtas con el capital extranjero. A los pocos meses, la Constitución de 1976 fue reformada y renovada la Asamblea Nacional por votación directa y secreta, comicios que demostraron, pese a los acuciantes problemas económicos, el apoyo mayoritario de la ciudadanía al proyecto socialista.

Aun en las peores circunstancias de este penoso proceso, el gobierno cubano consiguió preservar los logros esenciales de la Revolución —ninguna escuela u hospital fue cerrado, a la vez que se garantizaba una mínima canasta familiar de productos alimenticios indispensables—; mientras la inmensa mayoría de la población se veía obligada a acudir a diferentes formas de resistencia que espontáneamente generaron las más disímiles actividades para suplir ingresos y resolver los múltiples problemas surgidos con las drásticas restricciones alimenticias, del transporte, la electricidad y en otros sectores básicos. Entre las secuelas del brutal deterioro del nivel de vida de la población cubana también estuvo el desplome de muchos servicios sociales y el ensanchamiento del mercado negro.

Otra consecuencia fue el inusitado incremento de las salidas ilegales: en el verano de 1994 más de treinta mil personas abandonaron el país en endebles embarcaciones. Esta oleada descontrolada, favorecida por la ley norteamericana de «Ajuste Cubano» de 1966, obligó al gobierno de Washington a firmar nuevos acuerdos migratorios en 1994 y 1995, que abrieron las puertas otra vez a los inmigrantes legales. Además, Estados Unidos se comprometió a devolver a Cuba las personas recogidas en alta mar. El resultado fue la disminución del flujo ilegal.

A partir del segundo semestre de 1993 el gobierno de la Isla adoptó una serie de disposiciones, dirigidas a impulsar el desarrollo de las industrias turística y farmacéutica como fuentes principales para la obtención de recursos externos, junto con varias reformas coyunturales, algunas ajenas al modelo socialista que había caracterizado a la economía cubana. Entre ellas, estuvo la autorización del trabajo por cuenta propia, la libre circulación del dólar y la apertura de tiendas en esa moneda, la cooperativización de las dos terceras partes de la agricultura estatal —fueron creadas las Unidades Básicas de Producción Agropecuaria—, la promulgación de una nueva ley de inversiones —que abrió al capital extranjero casi todos los sectores económicos del país—, la reinauguración de mercados agropecuarios y de bienes artesanales e industriales regidos por la oferta y la demanda, así como la concesión de permisos para alquilar habitaciones particulares a visitantes extranjeros. Las medidas no solo estaban dirigidas a paliar los graves efectos de la crisis sobre la precaria economía familiar, sino también destinadas a superar, en el más breve plazo posible, las difíciles condiciones del llamado período especial.

Sin duda, estas disposiciones tuvieron un relativo éxito, pues permitieron salir de los momentos más críticos, sacar al conjunto de la economía de su atolladero y paulatinamente ir reanimando sectores agrícolas, industriales y de servicios. Prueba de ello es que el PIB creció entre 1994 y 1998 a un promedio anual del 2,2%, llegando en 1999 al 6,2%; el mismo año en que el turismo alcanzó el millón y medio de visitantes extranjeros —eran solo doscientos mil en 1986—; mientras el número de empresas mixtas operando en Cuba creció. El excedente de circulante en manos de la población fue absorbido parcialmente y se consiguió un relativo equilibrio monetario interno; el peso cubano se revalorizó frente al dólar y el déficit presupuestario estatal se redujo a límites aceptables.

El balance económico positivo permitió algunas sensibles mejoras en la esfera social y la reactivación de la solidaridad cubana con otras naciones. Por ejemplo, se logró garantizar, e incluso en algunos índices elevar a niveles superiores, la calidad de la educación y la salud pública, a pesar de la falta de libros y medicinas. Como reflejo de ello, la tasa de mortalidad infantil continuó descendiendo hasta bajar de seis por cada mil nacidos vivos; cientos de médicos cubanos han marchado a diferentes naciones del llamado Tercer Mundo a ofrecer sus servicios, a la vez que se abrió en La Habana una Escuela Latinoamericana de Medicina que ha recibido a miles de becarios de otros países.

Desde 1995 comenzó a registrarse también una gradual recuperación de producciones tradicionales, como el níquel y el tabaco, aunque el talón de Aquiles siguió siendo la incosteable producción azucarera, que llevó en el 2002 a la decisión de paralizar definitivamente las labores de más de la mitad de las fábricas —en la zafra de 2008 solo operaron cincuenta y cuatro—, que fueron desmanteladas. Otro elemento negativo en la actual situación es que la combinación de la dolarización de la economía y la política monetaria restrictiva —que condujo a disminuciones ostensibles del salario real de la mayoría de la población—, dio por resultado la inevitable aparición de notables desigualdades, debilitando el modelo de equidad social que ha caracterizado al socialismo cubano.

Entre los logros debe añadirse el significativo crecimiento de la extracción de petróleo crudo y gas —que desde el 2003 permitió generar casi el 100% de la electricidad con producción nacional, a pesar de que en 1990 solo representaba el 4%—, la construcción de viviendas, la industria ligera y de alimentos, así como una sustancial mejora en las telecomunicaciones y los medios masivos de difusión con la instalación de nuevos servicios telefónicos y el aumento de las horas de transmisión de la televisión —incluso se han abierto nuevos canales— y de la tirada de periódicos y revistas. También debe anotarse la sustancial reducción del desempleo.

A pesar de los reveladores ritmos de crecimiento y el gradual ascenso de la eficiencia económica, ellos no compensan todavía los negativos impactos acumulados por las severas restricciones de los años más críticos (1991-1994) del período especial y el ineficaz desempeño de la producción azucarera, cuya últimas zafras no han podido llegar a los dos millones de toneladas de azúcar; así como los efectos derivados del deterioro sistemático en los términos de intercambio, motivado en lo fundamental por la persistente caída de los precios de los productos de exportación en comparación con el desproporcionado incremento del de los combustibles y alimentos esenciales.

La Batalla de Ideas

Un giro significativo ocurrió a partir del caso Elián. Este proceso comenzó cuando en noviembre de 1999 fue rescatado en el mar, frente a las costas norteamericanas de la Florida, el niño cubano Elián González, de seis años de edad, tras el naufragio y muerte de diez de sus acompañantes, incluida su madre. Después de un largo litigio judicial en Estados Unidos por la patria potestad, que atrajo la atención mundial, el 28 de junio de 2000 Elián regresó a Cuba, donde se habían efectuado grandes marchas y protestas populares exigiendo su retorno al lado de su padre, residente en la Isla.

La campaña por el regreso de Elián fue encabezada personalmente por Fidel Castro, lo que marcó el inicio de una ofensiva político-ideológica en diversos órdenes que se ha llamado la Batalla de Ideas. Uno de sus campos de acción ha sido el de la cultura, caracterizado por una apertura en la creación intelectual sin precedentes, donde el énfasis se ha puesto en la defensa de la identidad y los valores nacionales frente a los avances de la globalización neoliberal procedente del exterior.

Quizás los éxitos más sobresalientes se han registrado en la esfera educativa, donde no solo se han ampliado las escuelas, construido nuevas aulas y disminuido el número de alumnos por maestro, sino también desarrollado el plan de universalizar la enseñanza, el cual contempla la posibilidad de estudiar carreras universitarias en cualquier parte del país. Más recientemente, y bajo la dirección personal de Fidel Castro, se inició la Revolución Energética, fundamentada en una generación eficiente y un uso más racional de la electricidad, que ha conllevado la sustitución de obsoletos equipos electrodomésticos por otros más modernos y ahorradores.

Aunque a fines del gobierno de William Clinton se autorizaron determinadas importaciones de alimentos desde Estados Unidos —que se iniciaron en diciembre del 2001, ya durante el mandato de su sucesor, quien tuvo que respetar el permiso ante la presión de los agricultores norteamericanos—, se mantienen vigentes las medidas de las leyes Torricelli y Helms Burton, frutos de la permanente hostilidad a la Revolución de la Fundación Nacional Cubano-Americana (FNCA), aliada a los sectores conservadores de la sociedad estadounidense. Entre las actividades de la FNCA estuvo la creación de la radio y televisión Martí, dirigida contra Cuba y patrocinada por el gobierno de Estados Unidos, y los atentados en hoteles de La Habana, ocurridos en junio y septiembre de 1997, mediante el empleo de mercenarios centroamericanos. Además, el 6 de mayo de 2004, el presidente George W. Bush dio a conocer nuevas disposiciones contra Cuba, que incluyeron duras restricciones en las visitas familiares y el envío de dinero a la Isla, las que fueron respondidas por el gobierno cubano con varias contramedidas, entre ellas el retiro del dólar de la circulación nacional, sustituido por el peso convertible.

A pesar de todas las dificultades y amenazas, la sociedad cubana de los primeros años del siglo XXI —que por votación mayoritaria en referéndum celebrado en el 2002 estableció en su Constitución el carácter irrevocable del socialismo— sigue dominada por la aspiración de mantener las conquistas sociales fundamentales conseguidas por la Revolución desde su triunfo, hace ya medio siglo. El socialismo cubano, a pesar de la pérdida de sus anteriores bases externas de sustentación y del apretado cerco tendido por Estados Unidos, se mantiene enhiesto gracias a las profundas y sólidas raíces desarrolladas en el sentimiento popular.

Muestra de ello se ha venido dando en los últimos tiempos con el fortalecimiento de la conciencia ciudadana a raíz del extraordinario discurso de Fidel Castro en el Aula Magna de la Universidad de La Habana el 17 de diciembre de 2005, que dio inicio a una gran campaña contra la corrupción, proceso que ha continuado desarrollándose con todo su vigor a pesar de la convalecencia del máximo líder de la Revolución. Luego de los actos del 26 de julio de 2006, Fidel Castro fue operado de urgencia y se vio obligado a entregar de forma provisional sus cargos al primer vicepresidente de los Consejos de Estado y de Ministros, Raúl Castro Ruz, siguiendo lo establecido por la Constitución vigente.

Posteriormente, el 24 de febrero de 2008, el propio Raúl fue elegido por la Asamblea Nacional para ocupar en propiedad esos cargos, aprobándose desde entonces una serie de medidas imprescindibles como parte de la estrategia para la consolidación del socialismo cubano, entre ellas la entrega en usufructo de tierras incultas a productores individuales y una nueva Ley de Seguridad Social. Bajo su dirección, el país ha debido llevar adelante a fines de ese año la recuperación de los graves estragos causados por los huracanes Gustav, Ike y Paloma, sin renunciar por ello a la búsqueda de un modelo renovado de socialismo que continúe preservando la soberanía nacional frente a la persistente hostilidad de Estados Unidos, tal como expresara el general Raúl Castro en su intervención pública en Camagüey el 26 de julio de 2007.

Con razón el comandante Fidel Castro, en su discurso de clausura de la cuarta sesión de la sexta legislatura de la Asamblea Nacional, el 24 de diciembre de 2004, afirmó que el país estaba saliendo con empuje del llamado período especial, iniciando una nueva etapa en la historia de Cuba no solo por la creciente preparación alcanzada por su población y el desarrollo de los avances científicos en materia de salud, sino también por los amplios acuerdos de colaboración firmados con la República Popular China y la República Bolivariana de Venezuela, con esta última dirigidos a impulsar la Alternativa Bolivariana para las Américas (ALBA), fundamentada en el sueño integracionista de Simón Bolívar y José Martí.

Bibliografía

ARBOLEYA CERVERA, JESÚS: *La contrarrevolución cubana*, Editorial de Ciencias Sociales, La Habana, 1997.

ARMAS, RAMÓN DE, FRANCISCO LÓPEZ SEGRERA y GERMÁN SÁNCHEZ OTERO: *Los partidos políticos en Cuba neocolonial 1899-1952*, Editorial de Ciencias Sociales, La Habana, 1985.

BUCH, LUIS: *Gobierno Revolucionario Cubano: génesis y primeros pasos*, Editorial de Ciencias Sociales, La Habana, 1999.

CANTÓN, JOSÉ: *Historia de Cuba. El desafío del yugo y la estrella*, Editorial SI-MAR, S. A., La Habana, 1996.

CENTRO DE ESTUDIOS MARTIANOS: *José Martí. Obras Escogidas en tres tomos*, Editorial de Ciencias Sociales, La Habana, 1992.

GUERRA VILABOY, SERGIO y ALEJO MALDONADO GALLARDO: *Historia de la Revolución Cubana. Síntesis y comentario*, Ediciones La Tierra, Quito, 2005.

IBARRA, JORGE: *Cuba 1898-1921. Partidos políticos y clases sociales*, Editorial de Ciencias Sociales, La Habana, 1992.

INSTITUTO DE HISTORIA DE CUBA: *Historia de Cuba*, 3 tomos, Editora Política, La Habana, 1994-1998.

LE RIVEREND, JULIO: *La república. Dependencia y revolución*, Instituto Cubano del Libro, La Habana, 1969.

LÓPEZ, FRANCISCA, OSCAR LOYOLA y ARNALDO SILVA: *Cuba y su historia*, Editorial Gente Nueva, La Habana, 2005.

LÓPEZ, FRANCISCA: *Cuba entre la reforma y la revolución. 1925-1933*, Editorial Félix Varela, La Habana, 2007.

MORALES, MARIO: *La frustración nacional-reformista en la Cuba republicana*, Editora Política, La Habana, 1997.

MORENO FRAGINALS, MANUEL: *El ingenio. Complejo económico-social cubano del azúcar*, 3 tomos, Editorial de Ciencias Sociales, La Habana, 1978.

PÉREZ GUZMÁN, FRANCISCO, ROLANDO ZULUETA y YOLANDA DÍAZ: *Guerra de Independencia 1895-1898*, Editorial de Ciencias Sociales, La Habana, 1998.

PICHARDO, HORTENSIA: *Documentos para el estudio de la historia de Cuba*, 5 tomos, Editorial de Ciencias Sociales, La Habana, 1969-1980.

RODRÍGUEZ, PEDRO PABLO: *De las dos Américas. Aproximaciones al pensamiento martiano*, Centro de Estudios Martianos, La Habana, 2002.

SORHEGUI, ARTURO: *La Habana en el Mediterráneo americano*, Ediciones Imagen Contemporánea, La Habana, 2007.

TORO, CARLOS DEL: *La alta burguesía cubana*, Editorial de Ciencias Sociales, La Habana, 2003.

TORRES, EDUARDO y OSCAR LOYOLA: *Historia de Cuba 1492-1898. Formación y liberación de la nación*, Editorial Pueblo y Educación, La Habana, 2007.

ZANETTI, OSCAR: *Las manos en el dulce. Estado e intereses en la regulación de la industria azucarera cubana, 1926-1937*, Editorial de Ciencias Sociales, La Habana, 2004.

FIDEL CASTRO
Antología mínima
Fidel Castro

Esta antología, que incluye las reflexiones y discursos más representativos de Fidel Castro, sin dudas constituye una referencia de incalculable valor en el contexto de transformaciones políticas y sociales que vive América Latina. La voz del líder cubano ha trascendido las fronteras nacionales para encarnar las ideas más radicales de la lucha revolucionaria mundial.

542 páginas + 26 páginas de fotos, 2011, ISBN 978-1-921438-98-1

LA REVOLUCIÓN CUBANA
45 grandes momentos
Compilado por Julio García Luis

Volumen que, por primera vez, reúne documentos emblemáticos de 45 grandes momentos del proceso que transformó el status de la isla, de neocolonia de los Estados Unidos, en abanderada de la revolución y el socialismo. Por sus páginas desfilan personalidades, desafíos e impactos del proceso revolucionario cubano en el mundo.

367 páginas, 2005, ISBN 978-1-920888-08-4

OPERACIÓN EXTERMINIO
50 años de agresiones contra Cuba
Fabián Escalante

Estas páginas resumen las actividades de espionaje y subversión desarrolladas por la CIA en su guerra no declarada contra Cuba durante medio siglo. El autor recorre momentos clave de una historia que incluye el sabotaje y la desestabilización, los sistemáticos intentos de asesinato a los líderes cubanos, el apoyo logístico-financiero a la contrarrevolución y la guerra biológica.

307 páginas, 2011, ISBN 978-1-921438-92-9

CUBA-USA. DIEZ TIEMPOS DE UNA RELACIÓN
Ramón Sánchez-Parodi

Con particular atención es tratado el tema del diferendo Cuba-Estados Unidos en las páginas de este libro. Sobre la base de documentos históricos y de sus vivencias personales, el autor ahonda en la política de hostilidad imperialista que durante cinco décadas ha proyectado Washington hacia la Isla, y en las posiciones de resistencia que el pueblo cubano sintetiza en el grito de «Patria o Muerte».

266 páginas, 2011, ISBN 978-1-921438-91-2

OTROS TÍTULOS DE OCEAN SUR

CIUDAD SOÑADA
La Habana de espuma y candil
Katiuska Blanco Castiñeira

La memoria y la palabra revuelan por las páginas de este libro para susurrarnos acertijos y seducciones de La Habana, que vibra en el tiempo, poblada de respiros y huellas. Los nombres devuelven el pasado y hasta las piedras tienen su misterio.

62 páginas, 2012, ISBN 978-1-921700-34-7

CHE GUEVARA PRESENTE
Una antología mínima
Ernesto Che Guevara
Compilación y prólogo de David Deutschmann y Ma. del Carmen Ariet

Reúne escritos, ensayos, discursos y epistolario que revelan aristas sobresalientes del pensamiento teórico y práctico del Che acerca de la lucha revolucionaria, sus conceptos de cómo construir el socialismo en sociedades subdesarrolladas, su rol en la política exterior cubana y su solidaridad e internacionalismo.

453 páginas, 2004, ISBN 978-1-876175-93-1

ALGUNOS USOS DE CIVILIZACIÓN Y BARBARIE
Roberto Fernández Retamar

Una selección de textos bajo el título del ensayo más extenso y, al decir de su autor, «el de más vasto horizonte» incluido en el libro, nos acerca, a partir de la falsa dualidad «civilización/barbarie», al análisis de cuestiones esenciales para nuestra América, tales como el colonialismo en sus diversas manifestaciones y su contrapartida: el anticolonialismo.

368 páginas, 2011, ISBN 978-1-921235-71-9

PASAJES DE LA GUERRA REVOLUCIONARIA
Ernesto Che Guevara
Prefacio de Aleida Guevara March / Compilación y notas a la edición de Aleida March y Ma. del Carmen Ariet

Texto emblemático, donde mediante crónicas el Che narra pasajes de la gesta revolucionaria cubana. Este libro inspiró la película sobre su vida, realizada por Steven Soderbergh. Incluye las correcciones que el Che hiciera para futuras ediciones antes de su salida definitiva de Cuba.

320 páginas + 32 páginas de fotos, 2006, ISBN 978-1-920888-36-7

ocean sur
una nueva editorial latinoamericana
www.oceansur.com • info@oceansur.com

Ocean Sur es una casa editorial latinoamericana que ofrece a sus lectores las voces del pensamiento revolucionario de América Latina de todos los tiempos. Inspirada en la diversidad étnica, cultural y de género, las luchas por la soberanía nacional y el espíritu antiimperialista, ha desarrollado durante cinco años múltiples líneas editoriales que divulgan las reivindicaciones y los proyectos de transformación social de Nuestra América.

Nuestro catálogo de publicaciones abarca textos sobre la teoría política y filosófica de la izquierda, la historia de nuestros pueblos, la trayectoria de los movimientos sociales y la coyuntura política internacional.

El público lector puede acceder a un amplio repertorio de libros y folletos que forman parte de colecciones como el Proyecto Editorial Che Guevara, Fidel Castro, Revolución Cubana, Contexto Latinoamericano, Biblioteca Marxista, Vidas Rebeldes, Historias desde abajo, Roque Dalton, Voces del Sur, La otra historia de América Latina y Pensamiento Socialista, que promueven el debate de ideas como paradigma emancipador de la humanidad.

Ocean Sur es un lugar de encuentros.